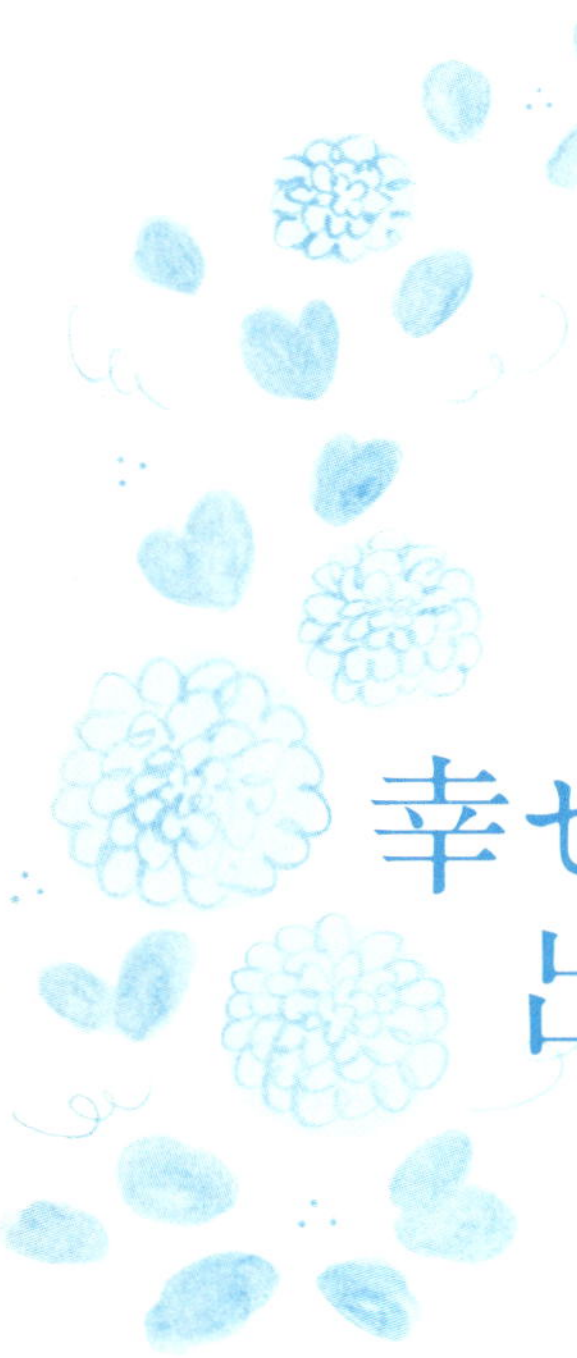

自分
セラピー

ハッピーエンドはすぐそばにある!

幸せな自分に出会える本

しばさき・かずたか 柴﨑嘉寿隆

KKロングセラーズ

まえがき

誰もが幼いころに、おとぎ話や昔話に触れるでしょう。

あなたがおぼえているお話はどんなお話ですか？

そして、そのお話を最近読み返してみたことはありますか？


多くの人が、おとぎ話や絵本は幼い子どもたちのためのもの、と思っているかもしれません。

ユング派の心理学者である河井隼雄先生は、著作の中で何度も繰り返し伝えていたことがあります。

「大人こそ、幼いころに読んだおとぎ話や絵本、そして神話やファンタジーにたくさん触れるべきである」と。


私たちの現実は、ひとつではありません。自分にとってつらく苦しい現実が目の前にあると思っても、ほんの少しだけ違うところから眺めて見るだけで、その現実が全く異なる世界を見せてくれていることがあるのです。

この「ほんの少しだけ違うところから眺める」には、イメージの力が大切です。

絵本やおとぎ話を読むことは、この「イメージする力」を育ててくれるのです。

河井先生は、複雑な現実世界を生きる大人こそ、このイメージする力がとても重要になってくると言っているのです。


そして、それだけでなく、おとぎ話を読み返すことには思いがけないギフトが隠されています。

誰にでも、幼いころに触れて、大人になった今でも記憶に残るおとぎ話がひとつくらいはあるかもしれません。

実は、大人になってから読み返してみると、覚えているようなストーリーと全く違っていた、という感想を述べる人がたくさんいます。


そして、そこには生きるヒントがたくさんあることに気づくのです。

子どものためのお話、と敬遠するのではなく、目の前の現実をより豊かにするためのヒントが満載の物語に触れる価値は、とても大きいのです。

まえがき

この本には、幼いころに読んだ物語に隠されていた宝物を見つけた人たちのことがたくさん紹介されています。

そして、どうぞ、あなた自身がお気に入りだったお話を、もう一度読み返してみてください。そこには、きっとあなたの現実に役立つヒントがあるはずです。

柴崎嘉寿隆

2 ここまで生きてきた自分は素晴らしい

3

4

現実を受け入れたとき、幸せが見えてくる……145

本文イラスト／真下弘孝

プロローグ

発見が「自分が変わる」ことにダイナミックにつながっていく

思わず歓喜の声をあげ、悟った

一人の求道者が、洞窟に入って井戸を見つけました。「真理とは何か」と問いかけると、井戸は「村の四つ辻に行くがよい。お前の探し求めているものが見つかろう」と答えました。

希望と期待を胸に、男は四つ辻に急ぎました。しかし、そこには何の変哲もない店屋が三軒、軒を並べているだけです。一軒は金属片を売っている店、次は木材、最後の一軒は、細いワイヤー（鉄線）を商っている店です。

失望した求道者は、井戸に説明を求めました。しかし「やがて、分かるだろう」という答えが返るばかりです。男は馬鹿にされた気がして、再び真理探究の放浪を続けます。

年月もたち、井戸の記憶も薄れた頃の一夜、月下を歩いていると、シタール（インドの楽器の一種）の響きが注意を引きました。深く心を動かされた男は、弦の上を踊る指を眺め、シタールに目をやりました。すると、シタールが、ワイヤーと金属片と木でできていることに気がつきました。彼がかつてあの三軒の店で見たときには、なんら特別な意味を成さなかったあの金属片などです。彼は思わず歓喜の声をあげ、悟ったのです。(『内なる可能性』P・フェルッチ、誠心書房)

必要なものはすべて与えられている。ただそれに気づけないだけ

「井戸のメッセージ」から私たちは何を受け取れるでしょうか。この本にも書かれているように、「私たちが自分をより豊かにしていくために必要なものはすべて、すでに与えられている」のです。ただ、まとまって与えられているとは限りません。

人生に与えられた出来事のすべてはまるでジグソーパズルのように一見ばらばらです。しかし、ピースの一つひとつがパズルを完成させるために必要なように、私たちが経験するすべての出来事も、意味のないものは一つとしてないのです。まったく関係のなさそうなものの中に、大切なメッセージが隠されているのです。

大切なメッセージを集約するものの一つが、おとぎ話(童話)です。あなたが大好きだったり、今でも心の記憶の片隅に息づいている物語には、「あなたにとっての大切なメッセージ」が必ず存在しているのです。人の心を動かす力が隠されている物語だからこそ、

何十年も何百年も、世界中で長く生き続けているに違いないのです。

隠されているヒントを見つけることで、あなたの人生が変容していきます。要は、そのメッセージをどのように探し出すかです。

なぜ世界中の昔話や神話はよく似ているのか

昔話や神話を読んでいて、似たような物語に出会ったと感じたことは一度や二度ではないでしょう。怪獣を倒すお話や宝物を探すお話。お姫様と幸せな結婚をするお話や、愚か者が大活躍するお話……世界中に似たようなお話はいくらでも見つかります。

たとえば幸せな結婚の物語といえば、『シンデレラ』『白雪姫』『眠れる森の美女』などがあげられます。恐ろしい怪獣や狼にのみ込まれてしまう『赤ずきん』『おおかみと七匹の子やぎ』『ピノキオ』などのお話もあれば、宝物を手にする物語もあります。

神話の世界も同様で、とても似ているお話がたくさんあります。白鳥伝説などは世界中によく見られるお話です。つまり、国や言葉が違っていても、人間の深層心理は変わらずに普遍的であるということなのです。

ユングはこれらのことから、人間の心の中を個人的な無意識と普遍的（集合的）な無意識に分けて考えました。個人的な無意識は、文字通り個人的なもので、生まれてからの家族とのかかわりや時代背景、文化的な影響を受けながら作られていきます。

普遍的な無意識は、人間として世界中の誰もが同じように持っている心理的な構造です。世界中誰もが笑うときや泣くとき、怒るとき同じように表現するのは、普遍的な無意識を共有しているからです。

「おとぎ話」には人生のヒントがいっぱい

ユング心理学では、おとぎ話（昔話）は「集合的な無意識の心の過程をもっとも純粋、簡潔に表現している（フォン・フランツ）」と考えられています。大まかに言って、神話には人間の持つ元型が、おとぎ話には個人的なコンプレックスやシャドウを見出すことができるようなのです。

どんなおとぎ話であれ、心の軌跡をたどるように読んでいけば、本人がおちいりやすい心の闇をかいまみることができます。「おとぎ話」は、あなただけに語りかけてくれる、あなたへの〝ささやき〟です。それに耳をすませば、あなたの悩みや問題に解決のヒントを示す鍵を見つけることも大いに可能です。それを見つけることは、言葉を換えれば〝宝探し〟ともいえましょう。

あなたが幼いころによく読んでもらったお話や、大好きだった物語は、あなたの個人的神話にぴったりなお話でした。主人公やその物語全体が、あなたの人生ととてもよく似ていることだってあり得ます。しかし、よく読んでいるうちにどこかが違うことに気づきます。主人公はさっさと幸せになっているのに、自分は苦しいところだけいっしょで、幸せにはまだたどりついていない……。

この違いや人生を変容させるヒントを見つけていくのが「おとぎ話セラピー」です。

「おとぎ話」から宝物を見つけだすポイント

私のセッションの場合、おとぎ話からヒントを得るうえでの大切なポイントは、投影した人物（主人公の場合が多いので、ここでは主人公とします）と自分との違いに気づくことです。

- **主人公がしていて、自分がしていないことは何か。**
- **逆に主人公がしていないのに、自分がしていることは何か。**
- **自分はいいところまで行くのに、なぜまた振り出しに戻ってしまうのか。**

これらをポイントに見ていくと、自分のはまりやすいパターンにもかなり明確に気づくことができます。自分のパターンがわかれば、自分の思い違いを修正したり、主人公がたどったハッピーエンド、成功への道筋をたどっていくことも可能となるのです。

「あなたにだけわかって、あなたにだけ意味を持つ学び」を教えてくれる

同じ物語を読んでも、人によって解釈の違いが生まれます。

たとえば、本文にも登場しますが、『みにくいあひるのこ』という物語があります。

この物語は、あひるのたまごの中に、形も大きさも違うたまごがまぎれ込み、そのたまごがかえると、一羽だけ姿が違うところから話が始まります。

私は、おとぎ話を使ってカウンセリングをおこないます。クライアント（来談者）に、自分の気にいった、あるいは子どもの頃に読んで印象に残っている物語を持参してもらいます。

そして、カウンセリングするときに、その物語のどこが面白かったのか、あなたはどの登場人物に自分を投影したのか、物語のなかで起こる出来事や、登場人物の行動などに対して、あなたはどんな感情を抱くのかを、一つひとつていねいに聞いていきます。

同じ物語に対して、クライアントのとらえかたは、それこそ千差万別です。ある二人のとらえ方を紹介しましょう（もちろん別々の機会でしたが）。

Aさんは、『みにくいあひるのこ』を、「孤独に耐えていれば、いつか報われる」物語だととらえました。Bさんは、「この物語は、復讐の物語だ」と言いました。

Aさんは、独身の公務員です。若い頃、両親が離婚。母親と生活をしていましたが、愚

痴や不満の多い母親がいやで、現在はひとりで住んでいます。孤独な毎日だとこぼしています。彼女にとって、みにくいあひるのこの苦しみは自分の思いに重なり、職場でいやなことがあっても「いつかきっと自分らしさを生かせる場所が見つかる」と信じているのです。

Aさんにとって、みにくいあひるのこは、自分の未来像なのです。今は、苦しくても悲しくても、みにくいあひるのこが白鳥になったように、自分もいつか白鳥(幸福の象徴)になれる日がくると希望を持っているのです。しかし、いまだに「孤独に耐えている事実」は変わらず、Aさんの状況に変化は訪れていません。

一方、Bさんは、裕福な家庭に育った女性です。彼女は、兄へのうらみがいまだに消せないでいます。というのは、子どもの頃からお兄さんにいじめられたり、ばかにされたり、泣かされてきたからです。親の前では優秀な兄を演じ、二人だけになると執拗に意地悪をされ、いつも悔しい思いをさせられてきたというのです。

Bさんは、『みにくいあひるのこ』を読んだとき、「この物語は復讐の物語だ」と感じたと言います。「いつか白鳥になって、兄弟たちを見返してやる。お前たちのほうがみにくいことを、いつかわからせてやる」と思ったそうです。

いつも比較され「人と違う」と言われて、心に傷を持ってきた彼女のコンプレックスが、

『みにくいあひるのこ』の筋書きに同調し、隠れていた無意識が姿をあらわすのです。

二人のとらえかたは極端に違います。二人に、そのとらえ方が「今の自分に役立っているのか」と聞くと、どちらも力なく首を横に振ります。Aさんが「いつか報われる物語」ととらえようと、Bさんが「復讐の物語」ととらえようと、自分の苦しみを解放することには役立っていないのです。

それにしても同じ物語で、受け取り方がなぜこんなに違うのでしょうか。

おとぎ話や昔話には教訓や教えがたくさんあり、そのことを学ぶにはとてもよい教材でした。

しかし、その教訓や教えは果たして万人に共通のものなのでしょうか。もしそうであれば、もうそろそろ地球上から飢餓や争いがなくなってもよい頃です。いまだにどちらも地球上から消えていないということは、それほど私たちがおろかな生き物だということなのでしょうか。

いいえ、決してそうではなく、今まで教えてもらっていた教訓や教えが、「誰にでも有効に働くのではない」という事実に、気づいていないだけなのではないでしょうか。

私たちは「一人ひとり」まったく違う人間です。違う人間には、違う教訓があって当たり前です。誰にでもあてはまる教訓を学ぶのではなく、その物語の「自分なりのとらえ方」にこそ、私たちにとって大きな意味があるのです。

「誰にでもわかる教訓」ではなく、「あなたにだけわかって、あなたにだけ意味を持つ学び」を見つけ出してこそ、自分を豊かにしていくヒントとなるのです。

本書の「おとぎ話セラピー」の目的は、今まで気がつかなかった自分、隠れていた本当の自分を発見することにあります。その発見は、「自分が変わる」ことにダイナミックにつながっていきます。

みにくいあひるのこの生き方の中に、彼女たち二人が苦しみから抜け出すヒントが隠されていました。あなたが選んだ「おとぎ話」の中にも、間違いなく重要なヒントが隠されています。その宝探しをすることが、「おとぎ話セラピー」なのです。

それでは、次章から「おとぎ話セラピー」の実例を紹介します。なお、登場する人たちの名前はプライバシー保護の観点から仮名としました。

1

さあ、これから思い通りの人生をはじめよう

何をしたいかわからないのはなぜ？

『エルマーのぼうけん』
（ルース・スタイルス・ガネット）

人生の目的は？　と聞かれて、あなたはどう答えるか？　仕事の成功、結婚、新車やブランド品……。いくつでもあげられるが、これらは目標であり、目的とは違う。あなたの人生の目的は、なに？

成功してお金を儲けて、どうしたいの？

そもそも「目的」とは何なのでしょう？　あなたが仕事に成功したい人だとします。もし見事にあなたが成功を勝ち取ったとして、その後あなたはどうしたいでしょうか？　ある人は、成功してお金持ちになって、事業を拡大して、さらに成功してもっと儲けて……延々と続きます。そこで私はまた問いかけます。「そして、あなたはどうしたいの？」

結婚願望の人も同じです。念願の結婚をして新居に住んで、新しい家具に囲まれて二人で楽しく暮らす……。「そして、あなたはどうしたいの？」

私たちは、人生の目的を見失ってしまうことがよくあります。カウンセリングやセラピー（癒し）を望む人たちは、大切な人生の目的を見失ってしまっている人たちがほとんどです。もしも今、純粋な目をした子どもに、「何のために生まれてきたの？」「あなたのしたいことは何？」と聞かれたら、どのように答えるでしょう。ごまかすわけにもいかず、それでいて答える準備もない……。

普段はあまり考えないことかもしれませんが、ここであえて自分に聞いてみるのもいいかもしれません。「人生の目的は何？　何のために生まれてきたんだろう？　自分は何をしたいんだろう？」

自分は本当は何をしたいのだろう

坂本彩さん（三一歳）は、昼間はアルバイトをしながら、カラーコーディネーターの養成講座に通っていました。すでに英検二級と介護福祉士の資格を持っていて、「資格を生かして、条件のいい仕事に転職したい」と言います。

でも、今やっているアルバイトはその資格とはまったく関係ありません。資格を生かした次の仕事に着手する気配もまったくありません。どうやらいざ転職と思っても、踏ん切りがつかないようです。

「目的をもってしまうと、なんだか型にはまって自分を不自由にしてしまう気がするんです。それならいっそ、その場その場を楽しんだほうがいい。今が楽しかったらそれでいいという感じかな」

ですから、両親やまわりから「あの資格はどうなったの？」とか「また違う勉強をしているの？　今度は何？」と聞かれるたびに憂うつになります。「自分は本当は何をしたいのだろう。結局いつも思いどおりの結果をつくれない。その場が楽しければいいとは思うものの、何をしていても楽しい気もするけどむなしくなる」と、告白します。

彩さんが選んだのは、『エルマーのぼうけん』。「〝思いたったが吉日〟というお話です」と言いながら、「あっ、自分みたい」と笑いました。

エルマーは「大きくなったら、空を飛んで好きなところに行ってみたい」という夢をもっていました。物知りの猫から、動物島でとらえられている「りゅう」を助けると、どこへでも飛んでいってくれるという話を聞き、冒険に出かけます。動物島では、いろいろな動物に出くわし、危険な目に遭います。さまざまな困難を乗り越えて、とらえられているかわいそうな「りゅう」を助けます。つながれていた綱を全部切ると、エルマーを乗せた「りゅう」は空高く飛びたちました。

（『エルマーのぼうけん』ルース・スタイルス・ガネット、福音館書店）

彩さんもエルマーのように現実から飛びだして大きく飛躍したい。でも実際には壁にぶつかるとあたふたしてなかなか飛び出せない。エルマーと彩さんは一体どこが違うのでしょうか。

〝心からの喜び〟をつかみたかったエルマー

エルマーには「空を飛んでみたい」という夢がありました。その夢をかなえることにいつも焦点が当たっています。その夢は、空を飛ぶことを通して〝心からの喜び〟をつかむことでした。

もちろん彩さんも喜びをつかみたいのですが、少しだけ違います。彩さんは「嬉しければ何でもよかった」のです。これはどういうことなのでしょうか。ひと言でいえば、目的の違いです。同じ「嬉しさ」でも、エルマーの嬉しさと、彩さんの嬉しさでは、目的のレベルが違うのです。エルマーはけわしい旅路を乗り越えました。その結果「すごく嬉しい」という体験をしました。

一方、彩さんは、けわしいと感じるほどの困難に直面したことはありません。というより、困難からいつも逃げてきたのです。いつも身近にあるもので満足して、間違いなく手に入るものしか追いかけてきませんでした。その結果は、「それなりに嬉しい」といった感じなのです。

日本には「苦労は買ってでもしろ」という言葉がありますが、「困難」を乗り越えないからという理由で、彩さんは本当の喜びを手にすることができないというのでしょうか。それではあまりにも短絡的です。エルマーと彩さんは、嬉しさの感激性、度合いがまったく違うのです。その違いはどこから生じるのでしょうか。それは、目指す目的の「レベル」からくるようです。エルマーには、困難を乗り越えるほどの「何か」があるようです。

目的には四つのレベルがある

目的のレベルには、四つの段階があります。

第一は「生存、サバイバル」のレベル。

海で遭難した様子を描いてみてください。船から放り出されると、必死になって何かをつかもうとします。生き延びるために浮かんでいるものがあればすがりつこうとし、必死に手足を動かして沈まないようにもするでしょう。沈まなければいい、とりあえず今は生きられればいい、それが私たちの生存の目的、第一段階の目的のレベルです。

第二は、「現状維持」のレベルです。

すがりついた木切れを離さないようにしっかりとつかまります。ようやく保っている今の状況を、これ以上悪くしないように、必死に維持しようとするレベルです。私たちの日常にも当てはまるでしょう。苦しいとき必死にもがき、何かにすがりつきます。ようやく誰かに助けてもらったら、次はその現状を維持しようとします。「これ以上は望まない。でもこれ以下にはならないように……」と。

第三生存、「自己満足」のレベル。

人は生存、現状維持の次には達成感や充実感といった内面的な価値を追求したくなります。新しい洋服を買い、新車を買い、友達を求め、それで満足感を満たそうとします。それでも満足を感じなければ、心が充実することを求めます。他人を蹴落としてまでと思う人は少ないでしょうが、少なくとも自分の幸せをまず確保したいと思うのは誰も同じではないでしょうか。

そして第四は、「貢献」のレベル。

ここでは自分の満足にとどまらず、他人をも喜ばせるという「利他」の要素が入ります。まわりへの貢献だけだと犠牲を伴うことがあります。ですから自分への貢献も大切です。自分に与え、そのことを通してまわりにも与える、というレベルです。

以上、四つの目的のレベルのうち第三段階までは「自分」にだけ意識が向いています。第四段階がそれらと決定的に違うのは、意識が自分だけではなく「まわり」にも向いているということです。

手近なところで済ませるから虚しくなる

エルマーの夢の目的は、第四レベルの「貢献」でした。「空を跳んでみたい」夢を大切にし、りゅうを助けたい気持ちを尊重しました。もちろんそれだけでなく、酷使されていたりゅうを助けたのですから、まさに自他への貢献です。

さて彩さんの夢の目的はどうでしょう。もがいてはいませんでしたが、自分を充分に満たそうともしていなかったようです。「嬉しければ何でもいい、楽しければ何でもいい」という彩さんの目的のレベルは、「現状維持」のレベルかもしれません。エルマーは、自分の夢に向かっていくことで大きな喜びを手にしました。彩さんは手の届く、すぐそこにあるものを手に入れて満足しようとしていたようです。

「目的を持って行動するのは、計画を完璧に生きることができる人だけだと思っていました。私にはとてもできません。できれば〝完全な私〟でありたかったので、できない自分を見るのはいやだったんです。だから全部手近なところで済ませてきました。それで満足しようとしてきたんでしょうね。だからむなしかったんだと思います」

わくわく、生き生きする目的を見つけよう

エルマーが最後にりゅうを助けるとき、「りゅうをつないでいた綱を解き放った」ことは象徴的です。自由に翔《はばた》くことのできるように、りゅうを縛りつけていた綱をエルマーが切るのです。彩さんが本当にしたいことを見つけるには、自らを縛りつけている綱を解き放たなければならないのです。

「考えてみれば、その気になれば難しいことは何一つない。いつでもどこでも始められるんですね。自分の喜びがみんなにとっての喜びになる目的。考えただけでうれしくなる。これは、すごくわくわくします！」

あなたの人生の目的は何でしょう？　その目的はどの段階でしょうか？　貢献のレベルの目的は、人生を輝かせてくれます。きっと自分が生き生きとしているのに気づけるでしょう。

自分らしく生きている実感をもてないのはなぜ？

――『竹取物語（かぐや姫）』

今という現実は、過去の心の態度が望んだ結果である。それを作り出したのはあなた自身。だとしたら、今の心の態度が、そのまま未来を作り出していく。あなたの心は今どこに向いている？

悲しみが跡かたもなく消え、月に帰ったかぐや姫

『竹取物語（かぐや姫）』は古典中の古典で、日本で最も親しまれているおとぎ話の一つです。

竹取の翁というおじいさんは、竹の中でかぐや姫（光輝く姫）を見つけます。美しく成長して、五人の男から求婚されますが、自分は変化《へんげ》（人から生まれた者ではない、の意）の者とおじいさんから知らされたかぐや姫は、結婚を断ります。噂を聞いた帝もかぐや姫を宮仕えさせようとしますが、これも断ります。それから三年を過ぎた春の頃から、かぐや姫は、月が出ると考え込み、泣くようになりました。中秋の名月の夜、かぐや姫はおじいさんとおばあさんに、「私は月の都の者です。中秋の名月の夜、月の都から迎えが来て、お別れしなければなりません」と伝えます。

帝は二千人の兵を派遣して、守らせましたが、宵が過ぎると天人たちが美しい衣を身につけ、空を飛ぶ車一台を持って大空から降りて来ます。天人が、天の羽衣をかぐや姫の肩にかけると、かぐや姫の悲しみは跡かたもなく消え、月の都へと昇って行きました。

（『かぐや姫（竹取物語）』岩崎書店）

天の羽衣とは一体何？

村上妙子さん（三五歳）は、長く勤めた職場で居心地の悪さを感じはじめています。キャリアを積んで信頼は得てきたものの、それ以上のレベルの仕事は任せてはもらえない。後輩でも十分にこなせる仕事をいまだに続けていることに疑問を感じはじめています。最近は、まわりの視線が「そろそろ退職か」と言っているように思えてなりません。

村上さんがこの物語の中で特に印象的だと述べるのは、かぐや姫が天の羽衣を肩にかけてもらうとそれまでの悲しみが跡かたもなく消え、月の都へと昇って行く場面です。

「天の羽衣を肩にかけて、かぐや姫は自分が月の人であるとの自覚を持ったのだと思います。それまでの悲しみや、思いわずらいがその瞬間にすっかり消えました。天に帰ることを心にしっかりと決めたかぐや姫は、自分らしく、すっきりして旅立ったのではないでしょうか」

「私も、かぐや姫のように、思いわずらいから解放されて、すっきりした気持ちで生きていきたい、自分らしく生きているという実感を持ちたい」

村上さんにとっての「天の羽衣」は一体何なのでしょうか。何をつかめば今の思いわずらいから旅立つことができるのでしょう。かぐや姫と村上さんの違いはどこにあるのでしょう。

「目的を持つ」「決心する」が唯一、人間のできること

スポーツなどの世界では、イメージトレーニングがとても重視されます。「絶対に勝つ」と強くイメージし、勝ち方や勝ったときの様子などを具体的にイメージすると、試合やゲームでもそのとおりに進めることができ、望んだとおりの結果を作り出すことができるというものです。

心理学的にも、「こうなりたい」「こういうことをしたい」という夢や目標を具体的に文

字に書く。その様子を漠然としたものではなく、生き生きと細かく、はっきりと絵に描く。そうすると実現する可能性が飛躍的に高くなるといわれます。

こうしたイメージや目標を描く行動は、他の動物には見られません。人間にしかできない特有の行動です。しかし、人間を特徴づける行動も、つきつめれば二つに要約できます。

①目的を持つことと、

②コミットメント（やると決めること）です。

極端に言えば「人間にできることは、このたった二つのことしかない」ともいえるのです。

この二つを成功裡に行うにはどうしたらよいか。まず、目的は「明確に、具体的に、そして肯定的に」描くことです。漠然とした目的は、かえって混乱を招き、それを実現したかどうかもわからなくなってしまいます。たとえば「幸せになりたい」と誰もが思うでしょうが、どんな状態が幸せなのかは一人一人違ってくるのです。一家団欒の食事をしていることが幸せというのであれば、これはかなり具体的で、それを実現したかどうかは一目瞭然です。このように目的は具体的にすることがとても重要です。

もう一つ大事なことは、目的を「やる！」と決める——心に強く誓うことです。これをコミットメントといいます。英語の辞書を見ても、コミットメントの適訳は見つかりません。しいて言うならば、「目的に全身全霊で取り組む、かかわる、できるまでやる」。それがコミットメントです。人間は生まれるときに、「生きる」という人生最大のコミットメントをするといわれています。

この「目的を持つこととコミットメント」の質や度合いによって、あなたにもたらされる結果が違ってきます。

決心するとふさわしい結果がついてくる

さて「目的を持ち」、それを「やると決心する」と、何が起きるでしょうか。目的を持ち、決心すると、その度合いに応じた「エネルギー」がわいてきます。そのエネルギーは一般に「やる気」とか「意欲」と呼ばれるものです。意気消沈している人にどんなに「やる気を出せ、意欲を持て！」と励ましても、かえって無力感に襲われます。目的もなく、決めてもいない人にはエネルギーは与えられないのです。

決心すると、さらにそのことについての知恵もわいてきます。すばらしいアイデアが突然にひらめくこともあるのです。そうすると私たちは必然的に「行動」することになります。「消極的だから」とか「行動力がないから」と心配する必要はありません。行動力がないのではなく、それはやることを「決められないでいる」だけのことなのです。

あなたはすでに「決心している」のですから、おのずと道が示され自然な運びとなってあなたは行動することになります。不思議なことに、いろいろな人の出会いが用意され、チャンスが訪れ、環境にも恵まれます。どういう人、チャンス、行動が与えられるかはあなたのコミットメントの質と強さによるのです。つまりあなたはコミットしてさえいれば、行動に関して思い煩《わずら》う必要などまったくないということです。

行動すると、そこには必ず何かしらの結果があらわれます。この結果は、あなたの決意の大きさによるものですから、極端に言えば、自分がつくり出したというよりも、神様があなたに決意の大きさに対して与えた「成績表」といえるのです。

その結果を見て、もう一度自分の「目的意識」に戻し、自分の目的のレベル（『エルマーのぼうけん』参照）に気づきます。その結果を踏まえて、自分の目的のレベルや質を高めよう、大きな目的を持とうとすると、さらに次のコミットメントにつながります。

あらわれた結果は、自分にとって欲しくない結果（不本意な結果）か、欲しい結果（成果）のどちらかです。

〝自分へのサイン〟として受け止める「聖なるあきらめ」

目の前の成果をみて、それを「自分〝が〟作り出した」ととらえると、うぬぼれ、増上慢の元となり、目的のレベルが現状維持や自己満足にとどまってしまいます。さらに不本意な結果のときは、ふてくされたり、被害者意識におちいったり、自己評価を低くし、「自分にはできない」という諦めにもつながりかねません。

いずれにしても、「自分〝が〟作り出した」という思いは、うまくいったとしても自我の充実（エゴの塊）にとどまり、うまくいかなければ自己否定や被害者意識の固まりになってしまうということです。

ですから、目の前にある結果は、たとえ思い通りの結果でなくても、「自分の目的のレベルとコミットメント」がどの程度だったのかを知らせるための「自分へのサイン」として受け取ることが大切です。

結果を素直に受け止め、自分の目的の質やコミットメントの質を知ろうとする心の態度を、「聖なるあきらめ」といいます。単なるあきらめではなく、目の前に起きている現実をそのまま素直に受け取る心の態度です。

目の前の現実は、あなたが思った通りの結果

現実的な話に置き換えてみましょう。「愛する素敵なパートナーが欲しい」と願っているとします。しかし、あなたのまわりにいる異性はなんだか物足りない人ばかり。おまけ

に、ぱっとしない人から交際を求められたりする。自分には合わないからと断っても、あきらめてもらえない。自分にはもっとふさわしい人がいるはずなのに、いつも自分が望むような人からは好きになってもらえない。

こんなケースで考えられるのは、そのぱっとしない異性が、今のあなたの「目的とコミットメントの大きさに見合った異性」だということです。

また、事業などを計画して資金が欲しいと願っていたとします。しかし十分な資金が集まらない。こういう場合は、「足りない」のではなく、今の財布の中身が、自分の目的とコミットメントの大きさを教えてくれているということです。

人間関係も、パートナー、仕事、お金もすべてのレベルとコミットメントの大きさによって決まるのです。そして、あなたのビジョンの大きさに応じた結果を、未来永劫、手にしていくことになるのです。

いかに強く思い描けるかが重要

本当に心から喜べる結果を手にするためには、それにふさわしい目的とコミットメントが必要です。自他を豊かにする目的を持つ。そして、それを必ずやると決心することができれば、すばらしいパートナーも、ビジョンに必要な資金も、あなたの手元に運ばれてく

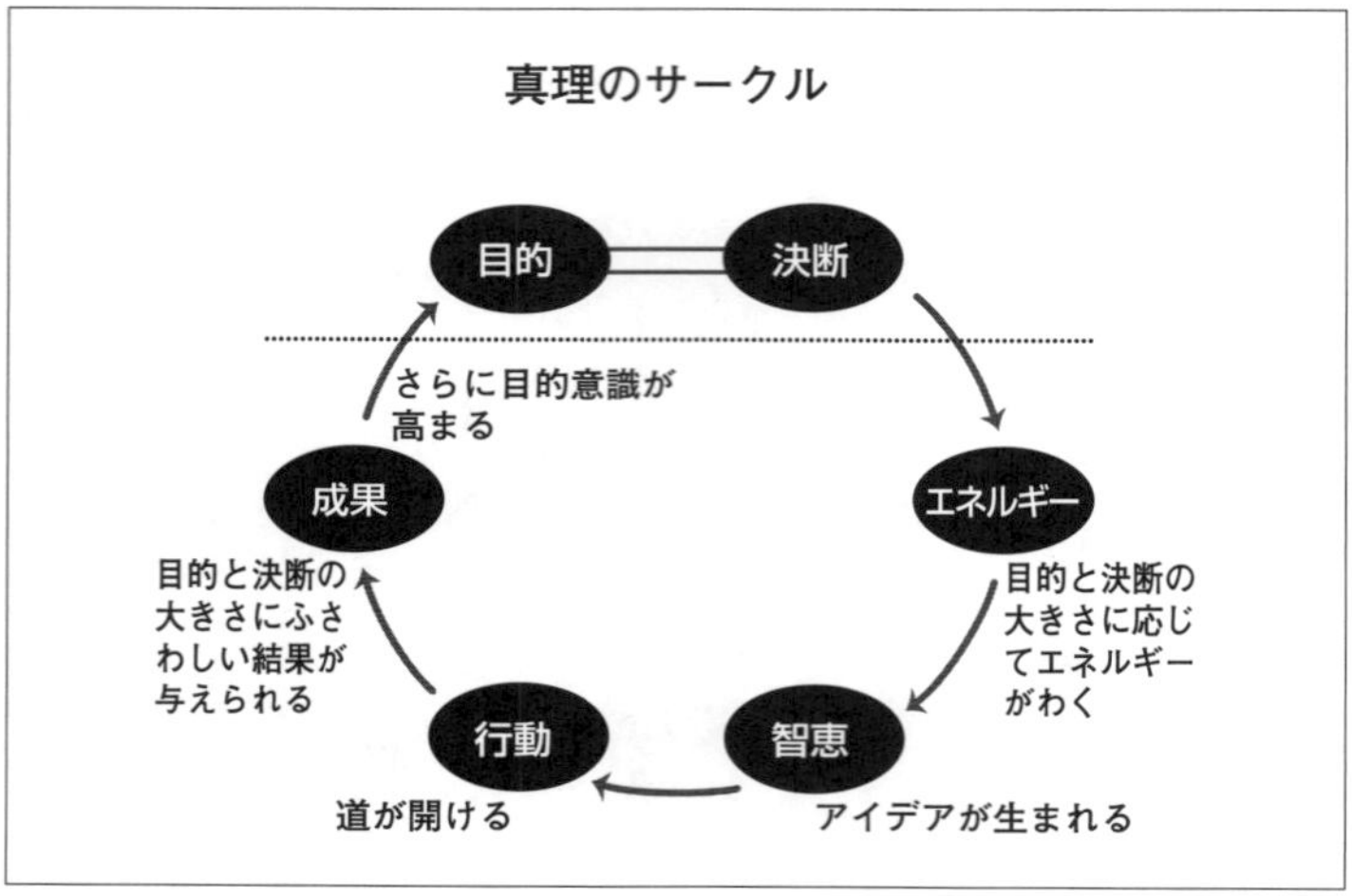

る可能性が広がるのです。

このように目的をもって決心して、さらなる目的と決心をして次々に向上していくことを「真理のサークル」といいます（図参照）。人生が思い描いたとおりになるということは、逆に言えば、思い描いたとおりにしかあらわれないということでもあるのです。

村上さんは『かぐや姫』を「心の成長の物語」ととらえました。この世に来たのは、人と接して人とのかかわり合いを通し、人の心や思いやりなどを学び、成長するためだった。月に帰るのは、この世での学びが終わったことを示していると言います。

村上さんにとって自分らしく生きるための「天の羽衣」は、まさにこの「自らの目的を持ち、それをやると決める」ことなのです。

心の成長の大切さに気づいた村上さんの次の課題は、真理のサークルを理解することです。自分がどう変わりたいのか、どのように成長したいのか。目的とコミットメントをしっかり見据え、いかに強く思い描けるか、それがとても重要なポイントとなります。

友達が欲しいのにできないのはなぜ？

——『雪の女王』（アンデルセン童話）

両手に荷物を持ったまま扉は開けられない。そんなときは荷物を手放せばよい。心の扉も同じこと。自由にはばたくには「執着」を手放そう。気球が上がっていくとき最初に砂袋を捨てるように。

ひとりぼっちの寂しさに悩むアーティスト

孤独を愛する人は結構います。しかし「孤独感」となると、あまり味わいたい感情ではありません。いくらまわりに人がたくさんいても、人づきあいの苦手な人は孤独感におちいります。「一人のほうが楽」という人もいますが、「楽」であることと、「そうしたい」こととは違います。一人のほうが「楽」なときもありますが、生涯「一人ぼっち」は寂しいものです。

矢部寿美子さん（三一歳）は日本画のアーティストです。個展を開いたこともあり、プロをめざすほどの腕前です。矢部さんの悩みは、親しくかかわることのできる友人がいないことです。「一人でいるのはいやだし、ずっと母親のそばに定着してしまうのもいやなんです。友達ができればうれしい」。友達が欲しいのに、友達ができない。でも、見たところ矢部さんは人に嫌われるような性格とも思えません。キャンバスには感情表現ができても、人間関係の中でうまく表現できないのが悩みの種でした。

多くのアーティストは、世間の慣習や常識に縛られず、自己探求に徹しています。内側にあるものを表現するために、自分の本当の気持ちに忠実に生きようとします。矢部さんもそういうタイプです。一人ぼっちでいるのはそのことが理由なのでしょうか。

悪魔のかけらを溶かしたゲルダの涙

最近、作品づくりに行きづまりを感じていた矢部さんは、自分を見つめようと、おとぎ話セッションに参加しました。選んだのは『雪の女王』。

北の国にカイという男の子とゲルダという女の子がいて、ある日、カイが雪の女王にさらわれます。ゲルダはカイを探しに行きますが、途中、山賊に囚われます。しかし、山賊の娘はゲルダにとても親切でした。山賊の娘に解放してもらったゲルダはトナカイに乗って、雪の女王のところに行きます。見つけたカイは凍っています。やっ

と会えたのに、と泣くゲルダ。その涙で悪魔の鏡のかけらが溶け、目をさましたカイと再会します。

城を脱出した二人は、山賊の娘に再び会いました。山賊の娘は、いつか二人の町で、必ず会うことを約束します。そして娘は二人に別れを告げ、広い世界をさすらって行きます。その後ゲルダとカイは、子どもの頃の気持ちのまま仲よく暮らしました。

(『雪の女王』アンデルセン童話、岩波書店)


矢部さんは、この物語で一番好きなのは、「カイを閉じ込めていた氷の破片が、ゲルダの流す涙によって溶かされるところ」と言います。「この世で最も強いものは、ナイフとかピストルといった武器ではない。子供のような純粋な心こそ最も強い」と話す表情には、アーティストらしい純粋な目が輝いていました。しかし、矢部さんが自分自身を映し出しているなと感じた人物は、山賊の娘でした。一体山賊の娘のどんなところに、矢部さんは自分を見つけたのでしょうか。

外の広い世界に行きたかった山賊の娘

氷の城を脱出したゲルダとカイは、山賊の娘に再び会いました。山賊の娘は、家にいるのが退屈になって、別の世界に行くつもりでした。娘は、ゲルダとカイに、いつか二人のいる街を通るときにはきっと訪ねていくと約束して、広い世界へ馬を走らせて行ってしまいました。

山賊の娘はゲルダが好きでした。彼女にとってはようやくできた友達だったはずです。本当は、好きなゲルダをずっとそばに置いておきたい気持ちもあったでしょう。でも、山賊の娘は迷いなくゲルダを解放してやりました。山賊の娘の心にどのような変化がおきたのでしょうか。「友達ゲルダ」を解放することで、山賊の娘が手に入れたものがあるとしたら何でしょう。

ゲルダを旅立たせた後に、山賊の娘は自分のいた世界から、外の世界へ旅立ちます。山賊の娘がゲルダを手放すことによって手に入れたものは、彼女自身の自由だったのかもしれません。今までずっと自分の欲しいものを集め、手元に置く。雪原を自由に走るトナカイも、空を自由に飛び回るハトたちも、長い間山賊の娘によってその自由を奪われていました。しかし、人の自由を奪うことは、結果として自らを不自由にしています。反対に誰かに自由を奪われていると感じているとき、実は誰かの自由を奪っていることもあるのです。

山賊のばあさんの目を盗んでゲルダをわざわざ逃がしたのは、山賊の娘が自分の不自由さに気づき、自分にも自由を与えようと感じたからなのかもしれません。山賊の娘が、今までそのことに気づけなかったのはなぜなのでしょうか。ここでは、「執着を手放す」という観点から見つめていくことにしてみましょう。

「ゲルダをそばに置いておきたい」は執着すること

矢部さんは、一緒に生活している母親の元を去るとなると、自由を感じる反面、母親への罪の意識を感じます。「母親が悲しむに違いない」「今まで母親に面倒を見てもらっていたのに、母親を一人にして勝手に出て行くことは許されない」「それに自分ひとりで生活していけるかどうか不安もある」

これらの思い込みを、「執着」といいます。私たちは多かれ少なかれこのような「思考のとらわれ」を持っています。言い方を換えると、そうした「思考」に知らぬ間にしがみついているともいえます。山賊の娘は、ゲルダに出会うまで、自分がそれまでの世界に「しばられ、しがみついている」ことに気づいていませんでした。ゲルダの自由さや信念に触れて、初めて今までの自分の生き方が不自由だったことに気づくのです。しかし、自由を手に入れるには、山賊のばあさんと仲間たち、トナカイやハトなど「たくさんの執着」を手放さなければなりません。

ゲルダを解放することとは、「友達をそばに置いておきたい」という執着を手放すことです。山賊の娘はそれを手放しました。しかし、手放したからといって友達でなくなるわけではありません。手放すことで自由な友人関係を作ります。それは同時に自分自身を解放することでもあったのです。また、執着を手放すことは、けっして山賊の世界を「捨てる」ことではありません。そこにはいつでも戻れるのです。執着を手放し自由さを手に入れるということは、いつでも旅立てるし、いつでも戻る自由が与えられているということなのです。

「自分がしたいこと」を自分にさせてあげること

「自分は友達になりたいけれども、その人はどう思うだろう」

「自分は母親の元を離れたいけれども、母親は悲しむのではないだろうか」

友達をつくりたい時、矢部さんはいつもこのように、人の意志を尊重し、優先していました。その結果として何も行動できずにきたのです。山賊の娘もゲルダの意志を尊重して彼女を解放しました。他者の意志を尊重する点では、二人とも同じです。でも山賊の娘には大きな変容がありました。二人は似ているようで、どこかが違うのです。他人の意志を尊重するだけでは、山賊の娘のように矢部さんの人生には変容が訪れないのです。

山賊の娘がしていて、矢部さんがしていなかったことは何でしょう。明確な違いは山賊の娘は「他者の意志を尊重すると同時に、自分の意志も尊重していた」ということです。ここで言う自分の意志とは「自分のしたいことを自分にさせてあげる」ことです。山賊の娘はゲルダと「友達になりたかった」。同時に「自由にもなりたかった」、自分を制限している不自由な思考の外、つまり自由な広い外の世界に行きたかったのです。

ゲルダを解放すると、友達がいなくなってしまうような気がします。しかしゲルダを解放することで、山賊の娘は「永遠の友情」を得ることができました。

そして「山賊のばあさんがかわいそう」という思考にとらわれずに、「自分が自由になる、広い外の世界に行く」ことを選択しました。

これこそが山賊の娘にとって本当に「自分がしたいこと」だったのです。

しがみつけばしがみつくほど不自由になる

タイにチャイという村があります。大きな池の真ん中の島に、僧院がひとつ建っています。島には水道がなく、よその村から運ばれてきた水は大きな水がめに貯えられます。その僧侶が、こんな話を残しています。

「一日働いて、水を早く飲みたいと思いながら帰ってきた。ところが、水をひしゃくで汲むと、中に一匹の蟻がいた。かんかんになって、『どうしておまえは、よりによって私の水がめの中にいるのだ！　ここには大切な水が入っているというのに』。そしてその蟻を押しつぶしてしまう。これは執着である。一方、『おまえは別に、私の水を台なしにしてしまったわけでもない』と、蟻が入らなかったところの水を汲んで飲む。これは執着を捨てることである。あるいは、蟻を見つけても、いいとも悪いとも考えない。その場で蟻に砂糖をくれてやる。これは執着を持たないことである。執着を持たない心、これが愛である」（『自分らしさを愛せますか』レオ・バスカリア、三笠書房）

山賊の娘は、「手放す」ことで何も失うことはありませんでした。友情も、男女関係も、そのほかどんなことにもいえるのですが、相手を自由にしてあげることで、お互いの信頼が深まっていきます。

逆にしがみつけばしがみつくほど、お互いが不自由になっていくのです。私たちの手は、つかみ取るためにあるようにも見えますが、実は手放すためにあるのかもしれません。

自分自身の内側にある不安が自分を脅かしていませんか

——『赤いくつ』（アンデルセン童話）

人を変えるのは至難の業。自分の思い通りにならないことの報いは悲しみや絶望感……。しかし、自分の見方を少し変えるだけで、まったく違う世界に変容する。何よりもその苦しみから解放される。

赤いくつのことしか考えなかったカーレン

人間はいつも自分の基準で人を判断しようとします。自分を省みるよりも人のことをあれこれ言ったり、非難したりするほうがずっと簡単です。たとえば、誰かにひどく腹を立てることがあります。まるで相手がその怒りを投げつけてきたように感じてしまいます。でもその怒りは、相手の怒りをもらったわけではありません。その相手が怒りのきっかけになったかもしれませんが、あくまでもその怒りは自分の中におきている、あなた自身の感情なのです。

たとえば「相手の言い方が気に入らない」とか「自分をわかってくれない」とか、あなたの価値観と合わないことで、怒りがわいてくるのです。しかし、通常はそれには気づけず、〝相手が〟自分を怒らせた、〝相手が〟一方的に悪いのだと感じてしまうのです。

別府日出子さん（三八歳）には、中二の男の子がいました。夫を早くに亡くし女手ひとつで育ててきた息子です。その息子が中学に入ってから登校拒否をするようになりました。いわゆる引きこもりではなく、友人のところなどを転々として家に帰らないこともしばしばです。家庭内ではたびたび暴力もふるいました。

別府さんは『赤いくつ』を取りあげ、「人間は大きな試練を受けて傷つき、何かを失いながら大きく成長する。カーレンは足を失うことで自分中心だったことに気づき、魂を浄化させていった」と受けとめました。

貧しいカーレンはくつもはけず、いつもはだしでした。あるとき、お金持ちの夫人が親をなくしたカーレンを引き取ってくれ、くつを買ってもらいました。それは、赤いくつでした。その赤いくつがとても気に入ったカーレンは、赤いくつのことばかり考えていました。赤いくつをはいて教会に行きました。しかし教会には赤いくつをはいて行ってはいけないとカーレンはその老夫人にしかられます。

それでも、カーレンは赤いくつのことが忘れられません。老婦人には内緒で舞踏会にも赤いくつをはいて行き、踊りました。ところが、踊りだしたカーレンが踊りをやめようと思っても、くつが足にしっかりとくっついて離れません。カーレンはいつまでも踊らなければなりませんでした。

自分の意思で踊りをとめられなくなってしまったカーレンは罪を悔い改めるため、ついに首切り役人に足をくつごと切り取ってもらいます。そして、足を切り落とされたカーレンは木の足とまつばづえをつくってもらい、心の底から自分の罪を悔い改めたのです。

（『赤いくつ』アンデルセン童話、小学館）

なぜ赤いくつごと足を切り取ったのか

この物語の衝撃は足をくつごと切り取ってしまうところです。なぜそこまでしなければならないのでしょうか。カーレンは、赤いくつが勝手に踊りだし、止まらないので首切り役人に頼みます。このとき、「私を止めてください」とか「くつを脱がせてください」でもよかったはずです。しかし、カーレンは、「私の足を赤いくつごと切り取ってください」と頼んだのです。

物語の中で、この場面はカーレンが変容していくもっとも大きなポイントでしょう。

〝足を切り取る〟とは、どういうことなのでしょうか。それは今までの生活パターンや自分自身の価値観、自分の見方やとらえ方を〝断ち切る〟ことの象徴的な表現です。このときカーレンは生き方を変えることを決断したのです。

それまでは、赤いくつをきれいだと言われれば喜び、誰よりも目立ちたいという欲望に振り回され、カーレンは本来の自分らしい生き方を見失っていました。

貧しいときは、はだしでした。それでも大地にしっかりと足をつけて自分らしく生きていたのです。きれいな赤いくつをはくようになると、それまでの自分の気持ちから離れて、まわりにどう見られるか、どう映るかという他者からの評価を意識する生き方に変わってしまったのです。こういったことはよくあることで、赤いくつというペルソナ（仮面）をつけることで「他者から評価された自分」を本当の自分だと思い込み、知らず知らずのうちに「自分らしさ」から遠ざかってしまうのです。

赤いくつはその象徴でした。赤いくつ（仮面）を捨てることで、本来の自分らしさを取り戻します。自分らしさにもう一度近づくのです。

物語では、そのときに天使があらわれて祝福します。教会の昔の牧師さんたちの像が見え、「カーレンや、よく来たね！」と言いました。カーレンは「神さまのおめぐみです」とこたえました。

親の一方的な心配が子どもを不安にさせる

別府さんは今まで、向き合ってきた試練や悩みに対し、世間体やまわりからどう思われるかというように、ほとんど自分の都合を中心に考え悩んでいたことに気づきました。夫を亡くして子どもを一人で育てていることで、世間にどう思われているか。子どもが「父親のいない子」とからかわれはしないか。その息子が不良のように思われはしないか。恥ずかしいことをしてはいないか……心配はつきません。地に足が着いていない毎日を送っていたようなものです。一番身近にいたはずの自分の子どもにも、まっすぐに向き合ってはいなかったのです。

しかし、親に心配をされる子どもの心境はどうでしょうか。あなたが両親から心配されることで、胸が苦しくなったり、いやな思いをしたことはありませんでしたか。実はこんな言葉があります。「心配は攻撃である」。

親であれば誰でも子を心配するのは当然なのですが、その心配は子どもの心を不安にさせるばかりです。「本当に大丈夫なの?」「あなたに何かできるの?」「あなたにそんな才能や能力があるの?」「あなたを認めてくれる人はいるの?」……

どれもこれも、答えようのない問いかけばかりです。これを読んでいるあなたも、何度もこんな問いかけをされたことがあるのではないでしょうか? これは、母親の心配の言葉です。そしてこの心配は母親自身の不安の表れであって、あくまでも母親自身の心の問題なのです。

子どもを思う気持ち以前に「自分自身の内側にある不安」が自分を脅かしているのです。そして結果として自分の不安をこんな言葉で表現し、子どもにぶつけてしまうのです。母親の不安を投げつけられた子どものほうはたまったものではありません。答えようのない問いかけに対して、「反抗」という形でしか答えられなくなってしまうのです。皆さんにも覚えがあるかもしれません。

「そのままのあなたが好き」のひと言で息子は泣き崩れた

別府さんは、家に戻り、初めて息子と正面に向き合いました。彼女は心から反省して、命がけで自分より大きな息子のうしろから抱きしめ、耳もとでこうささやきました。

「今まで、あなたの気持ちを受け取ることができなくてごめんね。お母さんはあなたの苦しみよりも、世間にどう思われるかにびくびくしていたの。ようやく目が覚めたわ。お母さんは、そのままのあなたが好き。どんなあなたであろうとも、あなたのことが大好きなの」

そのひと言を聞いた彼は、全身から力が抜け、その場に座りこみました。彼もまた苦しんでいました。彼の苦しみを理解してくれる人は誰一人いませんでした。おまけに学校へ行かない自分を、母親は嫌っていると思っていたのです。ですから、ますます荒れました。愛してもらうためだったら、人間は何でもします。無意識の領域では、愛されるためになら、暴れることも引きこもることも、病気にさえもなるのです。

しかし、「そのままのあなたでいい」と言われたとき、彼のトリデは音をたててくずれたのです。彼はお母さんに抱きしめられながら、声をあげて泣きました。別府さんも泣きました。彼はそれからすこしずつ立ち直りました。

親の問題が解決すると、子どもの問題も解決する

別府さんはそれまで息子を何とかしよう、何とか変えようとばかりしていました。こんなことになったのはすべて息子のせい、夫が早くに亡くなったせいだと思っていました。しかし、変わらなくてはいけなかったのは誰よりも別府さん自身だったのです。

自分の思い通りにならない現実をいくらまわりのせいにしたところで、解決には至りません。その現実を見なければならない理由が必ずあるはずです。

他者の中にではなく、その答えを自分の中に見出さねばなりません。それが人生の大きなテーマなのです。

子どもの心をどれだけ傷つけてきたか、子どもにどんなに悲しい思いをさせてきたか、どんなに寂しい思いをさせてしまったか、そのことに寄り添ってあげられずに、ずっと彼を責めるばかりだったのです。

彼のせいで自分がどれほどの苦痛を味わっているのかと自分のことにばかり意識が向いて、息子のことは二の次だったのです。

彼にとっては家出もそんな母親への無言の抗議だったのでしょう。

別府さんは息子が登校を拒否したことの本当の理由がやっとわかってきました。

「私自身の中に原因があったのですね。すべては私自身の問題だったんです」。

別府さんの表情には安堵があふれていました。

大人も読みたい絵本や童話・おとぎ話

児童文学や絵本を、大人が読むことには抵抗を感じるものです。しかし、実は大人こそ、それを読むことが必要です。

子どもの本を手に取ると、必ずといっていいほど「小学四・五年生以上」「三～四歳以上」などと書いてあり、「子ども向け」と思ってしまいます。

しかし、児童文学や絵本は、「ファンタジー」の宝庫です。イメージする力を刺激し、養ってもくれます。イメージする力は日常を生きていくうえでとても有益です。特に右脳を刺激し、私たちの生活にうるおいや豊かさを与えてくれます。

『ナルニア国ものがたり』（C. S ルイス、岩波少年文庫）という全７巻の物語があります。

大きなお屋敷の中の洋服ダンスは、ナルニアという国につながっている異空間への扉でした。男の子二人と女の子二人の兄妹はナルニアの国に紛れ込んでしまいますが、力をあわせて魔女によってのろいをかけられたナルニア国を救っていく……。

読んでいくほどに、子ども心をワクワク、ドキドキさせてくれます。イメージがふくらむと、心までが豊かになってくるようです。

難しい文字を追いかけるのをちょっと休んで、子どもの頃の本を読み返してみるのもいいかもしれません。

2

ここまで生きてきた自分は素晴らしい

人を信じたいのに信じられないのはなぜ？

――『白雪姫』（グリム童話）

「信じる」ことについて、悩みを持つ人は多い。人を信用できない、信じても裏切られる。信じるとは一体どういうことなのだろう。私たちは何を信じたらいいのだろうか。

女性問題で夫への信頼をなくし、人間不信になった

思春期を迎えた二人の子どもを育てる安浦よしみさん（四一歳）は、人をなかなか信じることができない悩みを抱えています。数年前、夫の女性問題で離婚した安浦さんは、あまりのショックで、自信も自分の存在価値もすっかり失ってしまいました。

自分のことだけでも精一杯なのに、悪いことは重なるもので、高校生の子どもは自傷行為を繰り返したり、不良仲間に誘われて金銭問題に巻き込まれたり……。

「価値を認められない自分」が取り組むには、あまりにも大変な出来事の連続に途方にくれるばかりでした。

このままではだめになってしまうと、「自分の価値探し」を決意してセミナーに参加しました。

彼女は「セラピスト（心理療法士）になって、いつか障害を持つ子どもたちの助けになってあげたい」と、そのクラスでビジョンを表明しました。このときには、夫に裏切られて自分が傷ついたことには目もくれず、わが子を含めて傷ついた子どもたちに何かしてあげたいという気持ちでいっぱいでした。

どこまで人を信じることが可能なのか

私たちは、自分が傷ついていると、まわりの傷ついた人たちに敏感になります。そして、自分よりも痛みのひどい人たちに手を差し伸べることで、無意識のうちに自分の気持ちを少しでもやわらげようとするのです。でも、セラピストを目指す人の最初に取り組まなければならないことは、「自分自身を知り、自分を癒してあげる」ことです。なぜなら自分の心の傷に向き合って、自分を癒そうとする人でなければ「人の心に寄り添い、癒す」ことはできるはずがないからです。

反対の立場を考えてみればよくわかります。あなたは「十分に癒されていない」セラピストに、傷ついた自分の心を癒して欲しいと思いますか？　「自分の価値を認めることができず、自己否定を繰り返している」セラピストに、自分の心に触れて欲しいと思えるでしょうか。おそらくＮＯでしょう。

人間不信に陥っている安浦さんが、傷ついた子どもたちのケアをしたいのであれば、まず最初に取り組まなければならない課題は「信じる」ことについて正面から向き合うことでした。人を信じることができないまま、誰かの心に寄り添うことなどできるはずがありません。

白雪姫は人を簡単に信じたから死んだ⁉

安浦さんが、子どもの頃に読んだ本で印象に残ったのは、『白雪姫』でした。

美しく成長した白雪姫をねたんだ継母のお妃は、白雪姫の美しさをねたんで何度も殺そうとします。最後には七人の小人に守られて森で暮らす白雪姫は、お妃のつくった毒リンゴを食べて死んでしまいました。棺に入った白雪姫を見つけた王子が姫を城に運んでいる最中に、飲み込んでいた毒リンゴがのどからとれて、長い間の眠りから生き返りました。

（『白雪姫』グリム童話、偕成社）

「白雪姫は、老婆を簡単に信じたために死んでしまった。簡単に信じなければ、もっと慎重に判断していれば、死ぬことはなかった。だから、私も人を簡単に信じないようにしている。この物語のテーマは、人を簡単に信じてはいけないこと」と言います。

しかし、「信じないようにしている」からといって、安浦さんの人生がうまくいっているとはとてもいえないのです。安浦さんの考えは、こうなります。

○私は夫を信じて生きてきた。
○しかし、夫に裏切られた。
○子どもたちを信じていたけれども、大変なことになってしまった。
○そこで慎重になった（簡単には信じなくなった）。
○疑い深い自分を反省して自分を変えようと努めたが、また裏切られた。
○人を信じたのがいけなかった。やはり簡単には信じないようにしよう。
○信じないようにしても、現実はうまくいかない。できるならお互いに信じ合いたい。

安浦さんはこうやって「信じる」「信じない」を何度も繰り返し、強い人間不信におちいってきたようです。人間をどこまで信じていいのか、お互いにどこまで信じ合えるのだろうかとまったく自信が持てないのです。

ゴールした白雪姫、振り出しに戻ってしまった私

「私はこの物語を久しぶりに読み返して驚きました。白雪姫は悪いことが起きるとわかっているのに、だまされる。大変なことになると注意されているのに、扉を開けてしまいます。まるで私の人生そっくりです」

たしかに安浦さんの人生は、白雪姫の人生に似ている部分があるのかもしれません。しかし、白雪姫は最後に幸せをつかみました。一方の安浦さんは手にするはずの幸せが、逃げてしまったのです。白雪姫はゴールしたのに、安浦さんは振り出しに戻ってしまいました。そしていまだに幸せにたどりつけないでいるのです。彼女は、小人たちの忠告を守らずに、結局死を迎えてしまった白雪姫を、「〝愚かな私〟そっくり」と言います。白雪姫は本当に「愚かな女性」だったのでしょうか。

同じように見える道のりも、途中のどこかで決定的に違っているはずです。物語を注意深く読むと、その違いを示すポイントがどこかにきっとあるに違いありません。

安浦さんは、「人を信じたい。しかし信じれば裏切られる。裏切られない方法はあるのか。それさえわかれば、人を信じられるのに」と言います。

「信じる」の言葉に隠されたダブルメッセージ

ところで、私たちは「信じる」という言葉を、日常どのように使っているでしょうか。「信じる」を使って例文を作ってみましょう。

――私は誰だれを信じている。

――他人を信じても裏切られるだけだ。

――信じるものは救われる。

などといったものが考えられるでしょう。

例えば、「私は、あなたのことを本気で信じているよ」と、あなたが誰かに言われたとします。嬉しいと同時に責任も感じるでしょう。しかし、なぜ、わざわざ「信じるよ」という言葉を使うのでしょうか。本当に信じていて、疑いの心が微塵もないときに、わざわざ「信じているよ」という言葉を使うでしょうか。あまりしつこく「信じるよ」と言われると、何か裏でもあるのではないかと疑ってしまうことはないでしょうか。

実際に「信じる」という言葉をどんなときに使うのか、思い出してみてください。信じるという言葉を使うときは、心の隅に「ひょっとしたら、そうならないかもしれない」という不安や疑いの気持ちを持っている場合が多いのです。

心の中で「裏切ったりしないでね」「しっかりやってね」という気持ちが働くからこそ

「信じているよ」という言葉が出てきていることに気づけるでしょうか。こうやって私たちは、自分の疑いや不安の気持ち、さらには責任を相手に託すことで、ほんの少しだけ安心を得ようとしてしまうのです。

つまり、「信じているよ」と言うときは「本当は信じられないから、念のために言っておくよ」との意味が込められていることが多いのです。まさにダブルメッセージです。

信頼の中にいるときにはわざわざ「信じている」とは言わない

お互いが信頼の中にいるときには、わざわざ「信じている」という言葉は使いません。信じることに不安が生じるのは、裏切られることへの恐れです。何度も裏切られてしまう体験は、次第にあなたを「信じる」ことを臆病にさせてしまいます。「信じよう」とするよりも、裏切られないように予防線を張るようになるのです。

それでは、誰かを信じて〝裏切られない〟ためにはどうすればいいのでしょうか。人を信じると裏切られることが多いというのであれば、「裏切られない」ようにするには〝人を〟信じないことです。でも、〝人を〟信じないというと、なんだか疑い深い人間のようで、あまりいい感じはしません。

私の父はよく「人なんか信じちゃダメなんだよ」と言っていました。父に反発していた私は、「そんな不信感の塊だからあんたは嫌われるんだ」とますます父を嫌いになり、心の底から軽蔑していたのです。

しかし、父が亡くなってからその言葉を何度も思い起こすたびに、父親が言いたかったことは、「自分を信じろ」と言うことだったんだとつくづく思うのです。

「信じる」の使い方を再検討してみよう

私たちの内側には〝信じる力〟が存在します。しかし、それをあまり肯定的な方向に使っていないことが多いのです。たとえば安浦さんは「人なんか信じないほうがいい。信じてもいいことはない」という考えを固く〝信じて〟います。「人を信じられない」という人は、うがって考えれば、「信じられない」という考え方をかたくなに〝信じて〟いるのです。これをみても、私たちの内側には信じる力が存在することがわかるでしょう。

愛し合っている二人がいます。相手が自分を愛してくれている。その時、「相手からの自分への愛」を信じていると、裏切られることがあります。

では、何を信じればいいのか。

それは、「自分が愛されるに値する存在である」ことを信じればいいのです。

「自分が愛されるに値する存在である」ことを信じていさえすれば、相手の愛に裏切られることなどありえないのです。

「相手に愛されている自分」がいるのではなく、「愛される価値のある自分が、今恋人から愛されている」ということです。愛の主体はいつでも、どんなときでも、相手やまわりにあるのではなく、自分自身にあるのです。

人を信じたいのであれば、「その人を信じる」のではなく、「その人を信じようとしている、そんな自分自身」を信じるということです。信じられるか信じられないかの基準を相手に置くのではなく、自分自身に置くことが、自分を信じることなのです。

〝人を〟信じるより〝自分自身を〟信じるようになるには、「信じる」という言葉の使い方、あるいは「信じる」やり方を少し見直してみることが大切なようです。

何を信じようと、信じている自分を信じよう

『白雪姫』に話を戻します。小人たちに「扉を開けたらいけない」といわれていたのに、物売りのおばあさんが来ると、簡単にドアを開けてしまいます。素敵なくしで髪の毛をとかすと毒がまわって死にかけます。スカーフを身にまとえば首を締められ、気を失って倒れてしまいます。おいしそうなりんご（毒りんご）を食べついに死んでしまいます。それでも白雪姫は、最後には王子と結婚して幸せになりました。

同じ「信じる」なのに、安浦さんと白雪姫は一体どこが違うのでしょうか。白雪姫は小人たちの言うことを信じたのでしょうか。物売りのおばあさんの言うことを信じたのでしょうか。どちらでもないのです。

何を信じたのか。はっきり言えることはひとつ。白雪姫は、自分以外の何かを信じようとしたり、疑いを前提にして「信じてみよう」としていたのでもありません。「信じていた」ものは、どこまでも自分の好奇心や直感だったのです。自分の好奇心や直感、つまり自分を信じたのですから、結果として白雪姫は誰からも裏切られてはいないのです。

物語から聞こえてくるあなただけのメッセージ

安浦さんは自分の現実をどのように受け取ればよいのでしょうか。夫に裏切られたことは？　子どもにどうしようもないことが起きたことは？　前にも書いたように、私たちには「信じる力」が心のうちに存在しています。

ここで大切なのは、「信じると必ず裏切られる、だから信じないようにしよう」という考えを見直してみることです。

「信じない」ことにあなたの信じる力を使うのではなく、「自分自身」を信じることに

「信じる力」を使うことが大切なのです。

自分は必ず幸せになる。幸せは誰かによってもたらされるものではなく、「私の幸せは、私のうちにある」――と固く信じ続ける、このことが大切なのです。安浦さんが取りくむ第一歩は、自分の中にある「信じる力」を自分自身に向けて使い始めることです。『白雪姫』は、安浦さんにこのようなメッセージを伝えてくれたのです。安浦さんは、「自分を信じること」の大切さと、今までそれができなかったことの反省を痛切に感じました。

もちろん、これは安浦さんが受けとったメッセージです。同じ『白雪姫』でも、継母に投影したり、小人に投影する人もあり、受け止め方によって、伝わるメッセージは違ってきます。皆さんには『白雪姫』から、どんなメッセージが聞こえてくるでしょうか。

早く成長したい、早く大人になりたいのになれないのはなぜ

――『ピーター・パン』
（ジェームズ・バリ）

成功や努力に対して与えられるのが「褒《ほ》める」。何をしていなくても、何もできていなくても、その人をそのままの存在として認めるのが「承認」。承認によって本当の豊かさがもたらされる。

「おねえちゃん、もっとしっかりしてよ」の一言の辛さ

想像してみて下さい。小さい頃から「グズ、のろま、気がきかない」と言われ続けると、どんな人間になっていくと思いますか？　ほとんどのケース、自己否定の強い、自信の持てない人間になります。

森川みすずさん（二三歳）はナルコレプシーという難病を抱えています。睡眠異常の一種で、二～三時間おきに突然睡魔が襲ってくるのです。たいくつな話を聞いていると誰でも眠くなるものですが、この病気の場合は、どんな時でも突然眠ってしまいます。

勉強もスポーツも何をするにも集中できず、大きな劣等感を抱いたまま、高校まではな

んとか卒業しましたが、定職にもつけず、時々アルバイトをしている状態です。そんなことですから家事の手伝いも十分にできません。

ときおり二人の弟から言われる「おねえちゃん、もっとしっかりしてよ」の一言が、何よりも辛いといいます。なんとか頑張ろうとするのですが、どうしても体が言うことをききません。両親すらその苦しみをわかってはくれず、「長女なのにほんとに甘えてるよ、困ったもんだ」と軽く言われてしまいます。

そのたびに深く傷つき、「早く成長したい、早く大人になりたい」と心の中で叫び続けてきました。治療のために通院はしていますが、なかなか改善が見られず、悩みを抱えて森川さんはクラスにやってきたわけです。

やさしいお母さんになったウェンディ

森川さんの大好きな物語は『ピーター・パン』です。

ネバーランドには迷子になった男の子六人がいます。この子たちには、彼らを心から愛してくれる人はいません。ピーター・パンは、彼らの母親代わりとしてウェンディをネバーランドに連れて行きました。ウェンディは、毎日、料理や洗濯、ぬいもの

やつくろいものに明け暮れます。「ああ、お母さんて、なんて大変なんでしょう！」と言いながら、うれしくてたまらない様子です。

ウェンディは冒険と楽しい日々を味わい、いよいよ家に帰る日がきました。家では、お母さんが窓に鍵をかけずに待ち続けていました。ピーター・パンは、「ぼくと一緒に、もういちど、あの小さな家で暮らそうよ」と言います。ウェンディの心は揺れます。

「お母さん、行っていい？」

「いけません。そのかわり、毎年一回大掃除をしに一週間だけ行ってもいいわ」

「お母さん、ありがとう。ピーター、きっと迎えにきてね」

「うん、忘れないよ」

こうしてウェンディと弟たちは元の生活に戻りました。ウェンディは子どもの心を失わないピーター・パンから多くの刺激を受け、冒険も楽しみました。また両親とあらためて心の交流をすることもできたのです。

（『ピーター・パン』ジェームズ・バリ、小学館）


森川さんは、ウェンディに心ひかれました。子どもたちに心からの愛を与えるウェンディのようなお母さんになりたいと思ってきたのです。しかし、今のままではお母さんどころか仕事も、結婚さえもきちんとできないことは明らかです。

ダメな自分から、抜け出さないほうが都合がいい？

森川さんとウェンディの違いはどこにあるのでしょうか。ウェンディが「お母さんて、なんて大変なんでしょう！」と言いながら、うれしそうに料理や洗濯、ぬいものやつくろいものをしている場面を、森川さんに読んでもらいました。次第に、森川さんの目には涙があふれ、ついに声がつまってしまいました。

「自分は甘えているばかりで……」「お母さんになんかとうていなれっこない」「成長したいのに……」。何をしようとしても思う通りにできない自分を「だめな自分」と責めるばかりです。彼女はこれまでもずっと、そのように自己否定を何度も繰り返してきました。自分の歯がゆさに心が乱れる毎日でした。そういう自分を病気のせいにもできますが、そのままとどまっていても、森川さんは永遠にこのアリ地獄から脱出できません。

「どうせ私はばかだから……」「所詮、自分にはうまくできるはずもないから……」と、自分を否定する人がいます。なんとかそこから抜け出そうとするのですが、結局その言葉の世界に逃げ込んでしまうのです。たとえ抜け出そうとしても、うまくいかない場合は、「やっぱり無理だ」とあきらめてしまいます。

そんな人を、無意識の世界からみると、こんな風にもとらえることができるのです。「ダメな自分から、抜け出さないほうが本人にとって都合がいい」。ダメな自分のままのほうが、自分にとって何か都合のいいことがあるから、抜け出さない……。本当に悩んでいる森川さんにとっては、とても厳しいとらえ方です。

森川さんには酷な言い方かもしれませんが、「甘えている」「お母さんになれっこない」「成長したいのにできない」と言うのは、今までの人生で、何度も繰り返してきた「自分を否定する儀式」です。自分を否定するのは悲しいことですが、実は否定することで、自分を守ることができ、安全で安心で大切な逃げ場所にもなっているのです。状況を変えられない自分を「責めたり、否定する」ことで、現実の世界に違いをつくり出さなくてもよいからです。

しかし、その場所は安全である代わりに、とても孤独な場所でもあります。そこに逃げ込んでしまうと、人とのかかわりを拒絶するようになり、そんな自分がますます嫌いになっていくという繰り返しになるのです。

「今日までよくやってきたね」を自分の耳に聞かせてあげよう

おとぎ話をセラピーに使うと、辛い、悲しい、苦しい、いやなこと、思い出したくないことなどが、記憶によみがえってくることがあります。

心の奥にしまい込んできた、さまざまな出来事を見つめようとすると、うまく受け取れずに、興奮しパニック状態になることもあります。そんな自分を抑制しコントロールしようと思えば思うほどますます混乱し、どうしていいのかわからなくなってしまいます。無意識の領域に閉じ込められてきたエネルギーが、意識領域に一気に噴出して自我のバランスが崩れ、自分を見失ってしまうのです。

セラピーの現場ではよく起きる現象です。そんなときには、ケースにもよりますが、セラピストが呼吸を合わせてハグ（抱擁）してあげることが効果的な場合があります。あわてて自分を見つめさせるよりも、しばらく様子を見て「時間」というお医者さんに任せたり、無言で抱きしめたり、クライアントにとっての安心で安全な環境や場を作り出してあげるのです。

しかし、自己否定をしている人や傷ついている人たちが、何よりも大切にしてほしいことは、まず「ありのままの自分」を受け入れることです。今まで、辛い出来事にぶつかりながらも自分なりに生きてきた、あるいは今も自分なりに一生懸命に生きている自分を少しでもいいから認めてあげることです。失敗続きの人生だろうと、親の期待にこたえられない人生だろうと、何をやってもだめな人生だとしても、そんなふうにしかできなかったけれども、そうやって今日までなんとか生きてきた自分自身をそのまま認めてあげるのです。

「今日までよくやってきたね」。そんな一言を自分の耳に聞かせてあげることが、自分を承認し、大切にする心の態度です。セッションで誰かを承認するときは、全員でその人を無言で受け入れます。自分を好きになれないときには、世界中に一人でも自分を愛してくれている人がいることを思い出してみることが救いにもなるのです。愛されて生まれてきたことを、そんな自分がいたことを認めてあげるのです。

ひと言ひと言話すたびに嗚咽して、前に進めなくなってしまった森川さんを、皆がしっかりとハグしました。さまざまな想いを涙で表現しながら、ただ無言で森川さんを受け止めました。

あなたの心の態度はいつでも変えることができる

森川さんはウェンディのような「母親」になりたかったのです。しかし、望んでも自分にはできないとあきらめていました。あきらめるというのは、自分の未来を否定することです。人には、過去、現在、未来につながった自分がいます。未来を否定すると、今の自分までも否定することになってしまいます。

ありのままの自分を承認できるかどうか、それがあなたの人生を変容させる大きなポイントです。しかし、「承認」することと「褒める」ことはまったく違います。身体的なハンディキャップを持つ人は、そのままの自分を認めることで人間としての誇りを取り戻すといわれています。肢体不自由の乙武洋匡さんは著書『五体不満足』の中で、「肢体不自由はハンディではなく個性である」と述べています。

そのままの自分を受け入れ、認めることが「承認」です。何をしてきたか、何ができたか、どれだけ成功したかではなく、自分の過去や現在をありのまま認めることは、結果として自分の未来に希望の光をもたらします。

過去から今日まで体験した事実は何一つ変えることはできません。思い出しても辛い感情でいっぱいになるかもしれません。

しかしその過去の事実を「どのように受け止めるのか」という、あなたの今の心の態度はいつでも変えることはできるのです。

本当は自分自身に愛を与えたかった

セッションの後、森川さんはこう言いました。

「自分が早く成長したかった理由がわかりました。早く人に愛を与えることのできるような人になりたかったんです。

あこがれているウェンディのように。でもそれはほんとは、自分で自分に愛を与えてあげたかったからなんだと気づいたんです。そしたら涙がいっぱいあふれてきました。

今までの涙のほとんどは、過去を思い出し、その時の悲しみや苦しみの中に入って流した涙でした。誰もわかってくれない、どうしてこんな自分になってしまったんだろうと被害者の気分でいっぱいでした。

でも自分に愛を与えたい自分がいるんだと気づいたら、やっと本当の自分の気持ちに触れることができたような気がします。

こんな涙は初めてです。透き通るようなきれいな涙を流している自分がいたんです」

過食がやめられないのはなぜ？

目の前の現実は、あなたが「厳しい」と言えば厳しく、「楽しい」と言えば楽しくなる。自分以外の誰かが価値を与えるのではない。すべて自分がその現実に与えたいと思う価値を与えることができる。

――『わたしのワンピース』（西巻茅子）

親を失望させた罪悪感から過食症に

拒食症・過食症という言葉がマスコミで取り上げられるようになって大分経ちます。十代半ばから二十代の女性に発症することが最も多いのですが、最近では、三十～四十代以降や男性の症例も増えているといわれます。

拒食症と過食症は摂食障害と呼ばれ、二つが交互に現れる人もいます。拒食症は、文字通りまったく食べようとしません。食べたい思いはあっても食べることができないのです。家族やまわりが心配しますから、そのことでさらに苦しみます。過食症は、食べては嘔吐し、ひたすら食べ続けます。嘔吐が苦しいので、嘔吐しやすいように水分を大量にとる人もいるほどです。

摂食障害は心理的には、心の不足感（飢餓感）、特に十分に愛された経験がないと感じたり、愛される資格がないと感じる人が、その不足感を補うために現れる症状のひとつといわれています。医学的な治療法のほかに、心理療法の助けを借りることが多い心の病です。

小島美佐子さん（二四歳）は、現在、過食症で入院中です。中学校時代から少しずつ症状が出てきました。直接の原因ははっきりしませんが、中学生の時、陸上競技をけがで断念しなければならない出来事がありました。これが、彼女の心に大きな負担を与えたのは間違いありません。入院している間は過食症の症状が改善されても、一時帰宅するとまたすぐに病状が悪化するという繰り返しをここ一年ほど続けています。

小島さんは特に「両親に愛されなかった」と感じたことはありません。教育者である両親に対して不満はありませんでした。特に父親は彼女にとっては理想の父でした。そんな父親に愛してもらえるように一生懸命生きてきた彼女にとって、陸上競技の断念は、父親を失望させてしまったという罪悪感となりました。「自分は親に愛される資格がない」そんな気持ちが生まれたのかもしれませんが、時期的にはちょうどそのころから過食が始まったのです。

「過食をやめたい、もっと良い人間にならなければ」と思えば思うほど、過食をやめられない。そんな自分が「まったくだめな人間」で、誰よりも醜く、誰からも愛されるはずのない人間に思えてくるのです。そうやって長い間自責の念に駆られてきました。

「ぴったり」に出会えず、いつも失望感でいっぱい

彼女は、自分を変え、見つめるためにクラスに通うようになりました。彼女が選んだ物語は、『わたしのワンピース』。

空から降ってきた白い布で、ウサギはワンピースを作ります。そのワンピースを着てお花畑に行くと、花柄のワンピースになり、雨が降ってくると雨模様になる。草の実模様になると、小鳥たちが集まります。ワンピースの草の実をついばみ、小鳥はウサギを空に連れて行きます。虹色のワンピースになり、そして夕焼け色に染まる。少し眠って目が覚めると、星空になってワンピースも星模様に。最後に「私の素敵なワンピース」とつぶやきます。

（『わたしのワンピース』西巻茅子、こぐま社）

幼い頃に読んだとき、小島さんはとてもうらやましく感じました。自分自身を含めて、まわりの環境に対していつもしっくりした感じを持てなかった彼女は、次々に服が変わっていくウサギのように、思い通りに自由に生きていけたらいいなと投影したようです。

実際に、最近も自分の着ている服になじめず、不満を持っています。かといって、好きな服を買いそろえようともせず、ひどい服よりはまだましといつもの服装のままとどまっているのだと言います。服装だけではありません。入院している病院に対しても、同室の患者に対しても、担当の医師に対しても……。

ウサギは白いワンピースを身にまとって、それが花柄になった時、「わたしににあうかしら」とつぶやきます。それ以降も服の模様が替わるたびに、「わたしににあうかしら」とつぶやきます。そして最後の星模様のワンピースを見た時には、「わたしのすてきなワンピース」と声に出します。

「わたしににあうかしら」というウサギが繰り返す言葉を、小島さんはウサギが「その模様を気にいらなかった言葉」と解釈しました。「私に似合うのかしら？　あまり気に入らないわ」と言っているようだというのです。そして、「ウサギは、嫌いな服を着替えながら、だんだん自分を好きになっていく」と受け止め、そんなウサギをうらやましいと言うのです。

彼女はずっと「自分にぴったり合うもの」を探してきたようです。理想の父親にぴったりな「自分」はもっと優秀でなければならないし、もっと美しくなければならない。そうではない自分は、落ちこぼれで醜い存在だと信じています。

ところが、現実はいまだに「ぴったり」な自分に出会えず、父親の期待にもこたえていません。それゆえに「何かしっくりしない」思いを今日まで引きずってきています。「ぴったりな自分」に出会えない限り、「愛される資格はない」と感じてしまうのです。

だから、最後にようやくぴったりの星模様になって「満足」に行き着いたウサギがうらやましくてしかたがないのです。

ほんとうにぴったりな服が好きなの？

彼女の深層心理をのぞいてみることにしました。「小島さん自身はぴったりな服が好きなの？」と聞くと、彼女は「いいえ。ぴったりは窮屈だし、ゆとりがなくていやです」と首を横に振ります。ぴったりな価値観、ぴったりな環境を探し続けていながら、一方ではぴったりは窮屈でいやだと言うのです。

この矛盾した思いはどこからくるのでしょう。どうやら、その背景には彼女独自の「ぴったり」感、「満足」感にカギがありそうです。

一般に「ぴったり」する感覚を求め、それにとらわれすぎると、「ぴったりしない」ことにいらだちや不満から心を乱します。完全主義の傾向の人は、現状にいつも不満を感じます。小島さんが完全主義だというわけではありませんが、どこか似通っているところもありそうです。完全主義の傾向の人は、自分の価値観に「ぴったり」な状況を求めます。しかし、一人一人価値観が違うのですから、当然「ぴったり」な人はいるはずもありません。必然的にその不満がイライラになって、心にストレスがかかるようになるのです。

また、ぴったりな感覚が窮屈で嫌なのに、ぴったりな感覚に「ならなければならない」という意識を持っていると、居心地も悪く、気持ちが不安定になっていきます。「ぴったりでなければならない」「ぴったりでないと嫌われる」といったように、「ぴったり」が世の中においての「正しいこと」といった観念を持っていることで苦悩することにもなります。

この気持ちのアンバランスをなんとか補おうとする行為が「過食」や「拒食」です。おなかがすいているわけでもないのに、むさぼるように食べるのは、アンバランスな自分の状態をなんとかバランスある状態に取り戻そうとする、いわば心の空虚さを満たそうとする行為です。

この感覚は過食症の人に限りません。たとえば、手持ち無沙汰で寂しく感じてタバコを吸う人も似たような感覚でしょう。タバコの煙を吸い込むことによって一時的な安堵や満足感を味わうのです。しかし、タバコもそうですが、過食もたくさん食べたからといって心が満たされるわけではありません。そこに待ち受けているものは、激しい嘔吐と罪悪感ばかりなのです。

模様が変わるたびに「すてきなワンピース」と喜ぶウサギ

ところで、彼女が言うように、ウサギは本当に「嫌いな服を着替えながら、だんだん自分を好きになっていった」のでしょうか。ウサギは最後にようやく「ぴったり」の星模様になって満足したのでしょうか。

ワンピースが星模様になった時、ウサギはこう言いました。「わたしのすてきなワンピース」。これは、星模様のワンピースが気に入ってもらした言葉なのでしょうか。

彼女は、そうとらえましたが、星模様に変化したワンピースが素敵なのではなく、時々の環境に応じて模様が変化していくワンピース自体を素敵だととらえることもできます。実は、クラスにいた彼女以外のほとんどの人がそのようにとらえました。常に新しい服に着替え続け、いつも新しい価値観を受け入れる生き方も含めて、それが素敵だというとらえ方です。しかし小島さんは、そのようには、とらえることができませんでした。もちろん、どちらのとらえ方が正しいということではありません。どのようにもとらえられるのですが、小島さんのとらえ方に彼女自身の心のパターンがあらわれているのです。

ウサギは、真っ白な布きれでワンピースをつくって喜びます。「私に似合うかしら」と言ったのは、嬉しさの表現そのものです。花模様になれば、「私に似合うかしら」と言ってみて、まんざらではない感覚を楽しみます。水玉模様になり、あるいは草の実模様になっても、それぞれに嬉しいのです。「私に似合うかしら」と、その時その時の変化を楽しみ、嬉しさが次第に大きくなっていきます。しかし、小島さんは、「変化していく素敵なワンピース」ではなく、「これもダメ、今度もぴったりこない」と言っているように感じるのです。

いつも嬉しいか、いつも不満か。選ぶのはあなた

ウサギと小島さんの違いは、「ウサギはいつも目の前の現実に喜び、嬉しさを感じていたけれども、小島さんは目の前の現実に満足できずにいつも不満のままでいた」ととらえることができます。この違いは、目の前にあるものに、それ相応の価値を自分から与えることができるかどうかの違いです。

目の前のものに価値を与えることができるのは、それを見ている人だけができることで

す。たとえば誰かがおいしいと言ったものを、おいしいといって食べるのを当たり前にしている人がいます。こういう人は、自分の味覚を信じておいしいという判断をしているのではなく、人が言うことを鵜呑みにしているだけです。したがって本当の味を味わってはいないのです。

たとえ、食の専門家が高く評価した料理だって、自分の口に合わないことはいくらだってありえるでしょう。自分がおいしいと感じられてはじめておいしいのです。

「理想の父親にぴったりの自分」を探しても、そもそもそんな自分はどこにもいないのです。最後に、自分に価値を与えてあげられるのは自分自身しかいないのです。価値を与えることは、そこに命を吹き込むことと同じです。「ぴったり」のものにすることも、どうしようもないものにすることもできるのです。素晴らしいものにすることも、ちょうどよいものにすることも。

自分で自分自身に価値を与えることができるのだ!

小島さんは、少しずつですが、この違いを理解できるようになりました。それがわかると、次第に自分の価値にも目が向くようになります。

「価値を誰かに認めてもらうのではなくて、自分で自分自身に価値を与えることができる」。

このことに気づきはじめた小島さんは、過食症で悩むことがばからしくなってきました。セッションの二カ月後、彼女は病院の近くに家を借りてひとりで生活をはじめました。道のりはまだ長いようですが、少しずつ症状を自分でコントロールできるようになっていくはずです。

一度ふられたからって愛される価値がないなんて思っていませんか

――『金のガチョウ』（グリム童話）

あなたにはかけがえのない価値がある。たとえつらい境遇にいたとしても、それはあなたが何のために生まれてきたのか、あなたの価値がどれほど素晴らしいかを気づかせるために与えられた環境だ。

結婚を断られてショックを受けた

「あの人はやさしい人」とか「冷たい人」など、人は他人に対して一定のイメージを持っています。同じように、自分についても描くイメージがあります。

中には自分に対してどうしても良く思えない人がいます。「自分は価値のない人間だ」「だめな人間だ」と自己否定するのです。自分を否定すると、多くのことにも否定的になり、ほんのささいな失敗にも落ち込みやすくなります。

竹崎よし子さん（三五歳）は若い頃、ボランティア運動にかかわる中で、ある男性が好きになりました。一緒に食事をしたり、遊園地に行ったり、デートを重ねてそれは幸せな日々を送っていました。結婚を意識するようになり、あるとき思い切って自分から告白しました。しかし、彼は結婚までは考えていなかったのです。

そして、恋人と思っていたのに、「僕には、好きな女性がいる」と完全にふられてしまったのです。大きなショック。自分のことを絶対に好きになってくれていると思っていたのに、単なる遊び相手に過ぎなかったのです。竹崎さんの落ち込みは大変なものでした。ふさぎこみ、会社にも行けなくなり、人間が信じられなくなってしまいました。「自分はだめな人間だ」「愛される価値がないのだ」とまで思い込んでしまったのです。

お姫様と結婚する価値があると思った抜け作

彼女が選んだのは『金のガチョウ』でした。

三人兄弟の末っ子の抜け作は、ばかにされ、さげすまれ、みんなから笑い者になっていました。森の中に木を切りに行った兄たちは二人とも、小人に会っても不親切にしたので大けがを負わされました。しかし、小人は親切にしてくれた抜け作には金のガチョウを贈りました。

抜け作だけは小人に食べ物を分けてあげたのです。お礼にくれた金のガチョウに触れると、抜け作はガチョウにくっついて離れなくなってしまいます。ある町のお姫様は、笑ったことがありません。王様は姫様を笑わせた者は、姫と結婚させると言いました。抜け作は、次々にガチョウにくっついた七人のこぶつきでお姫様のところに行くと、あまりのおかしさにお姫様は大笑いしました。抜け作は、お姫様と結婚して楽しく幸せに暮らしました。

(『金のガチョウ』グリム童話、岩波書店)

愚か者ゆえに皆から笑い者になっていた抜け作でしたが、抜け作は自分を愚か者だと思ったことはありません。むしろ、自分から積極的に「お姫様を花嫁にいただきたい」と申し出ています。

気に入らない王様は、抜け作に姫を渡さないために、いろいろ文句をつけましたが、抜け作は、見事にそれを全部解決して、お姫様をお嫁さんにもらいました。

おとぎ話には、このような「愚か者」といわれる登場人物が大きな幸せや豊かさを手に入れるお話がたくさんあります。物語に登場するこのような「愚か者」は、時に私たち人間の持っている「無邪気さや純粋無垢」な部分を象徴しています。確かに表現がストレートで、大人としてのペルソナ(仮面)を兼ね備えていないことが多いので、社会的には

「はぐれ物」だったり「厄介者」だったりすることはあります。

しかし、どの物語にも共通するのは、自分を「卑下している」愚か者はあまりいないことです。彼らは自分を「愚か」だとは思っていないようなのです。

抜け作も、自分をばかだとか、お姫様と結婚する価値がないと思っていたら、一生お姫様とは無縁の人生を送っていたことでしょう。この結婚は決して「棚からぼた餅」ではありません。自分がお姫様と結婚する価値があることを認めていたからこそ、結婚を申し出ることもできたのです。

あなたに代われる人は世界中どこにもいない

自分が価値ある人間だと認めるにはどうすればいいのでしょうか。まず、「価値」とは何でしょう。それは、存在しているそのものに対する値のことです。それ以上でもそれ以下でもないものです。「存在価値」「存在理由」、いろいろな言われ方をしますが、「私のままの私が今ここにある」というとらえ方が、重要なポイントです。

人間は一人ひとりまったく違った個性を持って生まれてきます。何億、何十億という人がいれば、何億、何十億の個性、バラエティーがあります。世界中でたった一つしかない個性、それがあなたに与えられた資質です。その資質を持って生まれたあなたは、かけがえのない、宇宙でただ一人の人間なのです。

龍村仁監督作品の「地球交響曲（ガイアシンフォニー）」というドキュメンタリーフィルムがあります。ご覧になった方も多いと思いますが、毎回すばらしい人間像をインタビュー形式でとりあげている映画で、すでに第4番まで完成しています。

その地球交響曲第1番に紹介されている、野沢さんという科学者がいます。野沢さんは一九八五年に開催されたつくば博覧会に、ハイポニカ栽培という水耕栽培によるトマトを出品しました。大きな部屋に水を入れたプールを置き、その中央に一粒のトマトの種を植えます。通常一粒の種の上質トマトでも二〇個から三〇個育てば上出来だといわれています。

それが、野沢さんのトマトは、一粒の種からなんと一万個のトマトが育ったのです。他の科学者は目の前の事実を見て、「これはありえない奇跡だ」と絶句したそうです。

「あなたには宇宙のすべての力が与えられている」

野沢さんは、人間の知識を超えた「何か」の存在を感じるといっています。野沢さんが毎日したことは、その一粒の種に向かって、「おまえには宇宙のすべての力が与えられている。どのようにも成長することができるんだよ」と語りかけたことでした。

語りかけて成長するのは、人間も同じです。私たちにも、一人ひとりの中に宇宙の力のすべてが与えられています。私たちは自分にすでに与えられている資質に気づかなければなりません。しかしそれに気づくことは容易ではありません。それに気づけない大きな理由は、成績や収入、財産、肩書き、まわりからの評価など、〝他人と比較する基準〟でしか自分を見ることができないからです。比較ではなく、かけがえのない「あなたそのもの」という基準で見ることができなくなってしまっているのです。

外の世界を基準に自分を測ってみても、本当の自分の価値を見つけることはできません。自分の価値とは、「かけがえのない世界中でたった一人のユニークな存在」というところにあるのです。そこからすべてが出発します。まわりがどう評価しようと、人はあなたの尊厳までは奪えないのです。抜け作もまわりからばかにされましたが、自らの尊厳は奪われていませんでした。

一つがだめでもそれに代わる選択肢はいくらでもある

竹崎さんに戻りましょう。「ほかに好きな女性がいる」と言われたことと、その言われたことによって「自分はだめな人間だ」「愛される価値がないのだ」と自分を否定的に評価することはつながりません。竹崎さんは「彼にほかに好きな女性がいる」ことと「自分はだめな人間である」ということをイコールで結びつけてしまいました。

彼女はこう言います。「もともと私は大きな幸せが目の前に現れたとしても、それを受け取れるほどのことをしてきませんでした。善意をもってまわりに貢献している人でないと、そんなに大きな幸せを受け取る資格などないんです」

竹崎さんは「自分には善意が欠けている」から幸せを受け取れない、幸せになれないと言っているのですが、では、抜け作は「善意」があふれていたのでしょうか。善意というものは、意識して行おうとすると、その瞬間に純粋な善意ではなくなります。抜け作に善意があったかどうかはわかりませんが、きっと「してあげたい」と思ったことをしたのでしょう。

抜け作は森の小人にも親切にしました。目の前の一つひとつどんな小さなことにも誠心誠意、対応してきました。それが善意かどうかはわかりませんが、抜け作にとっては、目の前の事実とそれに反応する自分自身に忠実だっただけです。報酬を期待して親切をしたわけではありません。「自分には善意があるから何々をする」とか「自分には何々をする資格がある」という動機で行動していたのではなさそうです。

ところが、他者の評価を基準にする（人によく思われたい、など）と、自分本来の価値を認められなくなってしまいます。他者が自分を認めようが認めまいが、自分が自分をそのまま認めてあげることが大切なのです。自分の価値を他人にゆだねることであなたの心は満足するでしょうか。確かに認められればうれしいでしょう。しかし批判されれば途端に落ち込みます。自分の価値を他者にゆだねてしまうとまわりの目ばかりが気になって、自分を感じてあげられなくなってしまうのです。何もできなくても、何の資格がなくても、あなたにはあなたにしかない価値が必ずあるのです。

目を閉じて、瞼の中にどんなあなたが浮かびますか

この本をいったん置いて、目を閉じて両腕で自分自身を大きく包み込んでみてください。今、あなたの腕の中にいる人は誰ですか？　ほかでもない、今日までいっしょに生きてきた大切なあなた自身です。

そんな大切なあなた自身に、あなたはどんなかかわりをしてきたのでしょうか。ちょっと失敗しては自分を責めてみたり、自分にはできないとあきらめてみたり、まだまだダメだと自分にムチ打っていじめてみたり……。

でもどんなに否定しても、あなたはあなた自身から逃げ出すことはできないのです。

あなたがあなた自身を認めてあげないで、一体誰に認めて欲しいというのでしょうか。

あなたがあなた自身を許してあげないで、誰に許して欲しいのでしょう。

あなたがあなた自身を愛してあげないで、一体誰に愛して欲しいというのでしょうか。

これからもいっしょに生きていく大切なあなた自身です。自分自身に「与えてあげる」生き方をしてみることはあなたを活かす上でとても大切なことなのです。

どんな幸せよりも自分を豊かにしてくれるのが、「ありのままの自分に大きな価値があり、そんな自分を認め、自分を好きでいてあげる」ことなのです。

与え合うかかわりがお互いの信頼関係を作り出す

――『みにくいあひるのこ』（アンデルセン）

「へりくだる」と「謙虚」。それぞれの後ろには、傲慢さと感謝の心がある。形だけ頭を下げても、表面的にうまくいったように見えるだけ。謙虚さこそ人生に豊かさを運ぶ大切な心の態度である。

自分の真の姿を発見したみにくいあひるの子

角田和美さん（三八歳）は、地方でご主人と二人の子ども、そして一匹の愛犬とともに、傍目には幸せな家庭を築いています。癒しの仕事に興味があり、数年前からワークショップに参加しながらボランティア活動を始めました。

ところが、まわりからは「変わったことをやっている」「宗教じゃないか」「小さい子どもを放ったらかしている」など、田舎町特有の心無いうわさが聞こえてきます。一番の悩みは自分の母親の理解が得られないことでした。「母親との関係を改善したい。田舎町だからこそ、素敵な癒しの仕事を広めたい」とセッションに参加しました。

選んだおとぎ話は『みにくいあひるのこ』です。

ある夏の日、あひるのひよこが生まれました。しかし、一番最後に大きいたまごから生まれたひよこは、体が大きく、灰色で誰にも似ていませんでした。みんなにばかにされ、いじめられるみにくいあひるの子はいたたまれなくなって逃げ出します。

凍りつくような長い冬の後、春がやってきました。きれいな庭に降りたつと、三羽の白鳥が泳いでいます。「つらい目に遭うより、殺されるほうがましだ。さあ僕を殺してください」と近づいていきます。そして、頭を深く垂れました。その時、水に映った自分の姿に気づきました。みにくいあひるの子は白鳥だったのです。

(『みにくいあひるのこ』アンデルセン、フレーベル館)

自分がわからないで不安になる

「みにくいあひるの子は自分が白鳥だったと気づけたけれど、私は自分が誰であるのかもわからない」と話す角田さんの目には涙がにじんでいます。

「みにくいあひるの子は、気づくために何かをしてきたわけではないと思います。自分の居場所を探しまわったけれど、どこにも見つからなかった。まったく希望がなくなってしまった。最後に白鳥に出会ってあまりの美しさに感動はしたものの、それに比べて自分はなんて醜いのかと絶望した。『自分を殺してください』と頭を下げたら、水面に映った自分の姿を発見して白鳥だとわかった。みにくいあひるの子は運がよかった、ラッキーだったんです」

母親との関係の修復と、自分探しが角田さんの目下の課題です。まず母親との関係改善のために、みにくいアヒルの子がしたように、身を任せるように母親や家族に頭を下げてみるのはどうか、と尋ねてみました。すると、角田さんは「今までひどい仕打ちをされ、理解してもらえなかった私が、なぜ母親に頭を下げなければいけないんですか」と首を横にふりました。

プライドは大切な自尊心だが……

良い人間関係を築くには、互いに理解し合うことが何より大事です。「理解してもらう」のではなく「理解し合う」のです。そんな信頼関係があれば、相手を尊重し、ふるまいにも無理がなくなります。しかし、関係がこじれてくると顔も見たくない、話もしたくない、こちらから頭を下げるなど死んでもいやという気持ちになってしまうのも当然です。

角田さんも、母親との関係でよほど神経が滅入っています。どちらかが折れれば、うまくいくこともありますが、彼女にもプライドがあり、簡単にはいきません。

「自分がして欲しいと思うことを、人に対してしてあげるといい」という黄金律の教えもあります。彼女から歩み寄ればうまくいくとも思えますが、自分から歩み寄るということは、彼女にとっては自分を否定することであり、母親に「負ける」ことでもあるのです。

日ごろから自分のしていることに理解を示してくれない母親には、子どもを預かってもらうときにすら頭を下げたくないと言うのです。彼女にとって頭を下げることは屈辱的にも思えるようなのです。では、みにくいあひるの子が頭を下げた場面は、何を象徴しているのでしょう。

頭を下げるのは、感謝や依頼、そして謝罪をする時などの典型的な態度です。「あなたの努力には頭が下がります」といったように、相手を尊敬する場合にも、頭を低くします。こういった態度は私たちの内側にある「謙虚さ」が作り出しています。

一方、意地を張ったり、人に負けまいとか自分の正しさを主張するのが「プライド」です。ここでいうプライドは「誇りを持つ」こととは違い、たんに自己防衛や、優越性を手に入れようとするために握り締めているものです。

あまり意味のない、自分だけに通用する「こだわり」もその一つです。

凝り固まったプライドさえなければ、もっと楽に生きられ、人間関係もスムーズになりますが、プライドをなくすことは容易ではありません。「自分の正しさ」を守るための大切な自尊心でもあるからです。自分の正しさが脅かされてしまうと、自己の存在理由が危うくなります。そうすると、ますますその正しさにしがみついて他者とのつながりが薄れてしまうのです。

「傲慢な態度」と「へりくだる態度」

プライドの現れ方には二つの側面があります。ひとつは、「傲慢さ」として、もうひとつは「誇り」として。

私が中学生のころ面白い場面に出くわしました。学校で、年度初めに学生服の注文をすることになっていました。服装について気を使い始める年頃でしたし、先生も不在だったので、採寸の時、みんな「すそは少し長めにして欲しい」とか、「すそ幅は狭いほうがいい」とか、好き勝手に注文をしだしたのです。そんなことはまったく知らない学校の先生は、出来上がった服を着て登校した私たちの学生服姿を見てびっくりしました。

その日、学校中は大変な騒ぎになりました。通りかかった職員室の中で、校長先生にしきりに頭を下げている洋服屋さんを見かけました。洋服屋さんは、校長先生が席をはずしたとたん、隣で採寸をしていた人を鬼のような形相で叱りはじめたのです。校長先生には卑屈なまでに頭を下げ、孫請けの業者には居丈高に叱るその豹変ぶりにあ然としたのを覚えています。洋服屋さんはなぜそんな態度をとったのでしょうか。

ここでは、〝謙虚であること〟と〝へりくだること〟の違いがはっきりとみてとれます。校長先生にぺこぺこ頭を下げている様子は、恐縮し申し訳なさを全身で表現している姿でした。それなりに誠実な態度といえるでしょう。しかし、孫請けの業者に対しては、「自分に落ち度がある」という反省はなく、「傲慢な態度」そのものです。

「傲慢さ」と「へりくだり」は表裏の関係です。へりくだることと謙虚さとは、決して同じではありません。謙虚さとは、まわりの状況によって変化するのではなく、一貫した心の態度です。「謙虚さ」の後ろ側には「感謝」の心が存在します。

お互いを尊重する態度で接するには、この感謝と謙虚さが欠かせません。

「勝ち負け」のかかわりから「勝ち勝ち」の関係へ

自分の正しさを主張しながら、他者の正しさを受け入れるのは至難の業です。同じように、他者の正しさに出会ったときに謙虚な気持ちでいるのも難しいことです。しかし、人とのかかわりでは、ここがとても重要なところです。

角田さんは、若い頃から「競争」の人生を歩んできました。人より劣っていると、負けてなるものかと自分を叱咤激励してきました。母親に対しても同じです。自分を理解してもらえないと我慢できず、言い争いをしていつも闘ってきたのです。

競争や勝ち負けのかかわりをしていると、自分が優位なときには一時的に広い心が持てますが、劣位にたつと悔しく、惨めな思いでいっぱいになります。そこで常に優位を保とうと、機嫌を取ったり、偉そうにふるまったり、余計な神経を使うことにもなります。

人間関係には、「勝ち負け」のかかわりのほかに、「勝ち勝ち」のかかわり、つまり「お互いが勝者である」というかかわりがあります。お互いに与え合うことで、お互いが勝者でいることができるかかわりです。

このかかわりでいると、張り合うこともなく、豊かな気持ちになり、お互いを尊重する余裕も生まれます。愛し合っている夫婦や、気の合う仲間同士などがそのよい例でしょう。それらの好ましい関係を、個人間のかかわりだけではなく、さらに地域社会のレベルにまで広げている人たちもたくさんいます。

「ああ、ほんとうにそうだね」の精神で

『みにくいあひるのこ』では、一緒に生まれた他のあひるの子たちは「勝ち負けのかかわり」をしていたかもしれません。みにくいあひるの子は、そのゲームに「負け」て、外に

出て行きます。しかし、みにくいあひるの子は、そんな自分の運命を受け入れました。そして「さあ僕を殺してください」と、頭を深く垂れるのです。この頭を垂れる、運命を受け入れるという態度は「謙虚さ」から生まれてきます。

この謙虚さは、どのように生まれてくるのでしょうか。

それは、たった一言つぶやくだけでできることです。「ああ、ほんとうにそうだね」。この一言です。目の前の現実に対して、「ああ、ほんとうにそうだね」と口に出して言ってみることです。たとえ、「そうではない」との思いがあっても、ひとまずそれには目をつむって、「ああ、ほんとうにそうだね」と言ってみるのです。

特に人からあなたに向かって、「あなたって、こうではないか」と言われた時、つい「いや、そうじゃない」「こうだ」と心の中で反発しがちです。そんなときでも、この言葉を使って、まずその現実をいったん受け入れるのです。「だって、私は」と言い訳したり、弁解したくなっても、それをぐっとこらえて「あー、ほんとうにそうだね」と相手の言い分を受け入れてみるのです。声に出して言うのです。

はじめはちょっと難しいかもしれませんが、それができるようになると、不思議に心は平穏で、安らいでいきます。そして、その場でその人と心のつながりを感じる体験をすることができるはずです。

死ぬほど嫌いだった人が大好きになる不思議

落語に、こんな話があります。姑のひどい仕打ちに耐えられなくなったお嫁さんが実家に帰りました。父親は、こう助言しました。

「ひどい姑だ。ここに毒があるから、食べ物に入れてわからないように殺してしまえ。でも、すぐに殺したら近所にばれてしまう。とにかく一年間は、姑に感謝して尽くして尽くして、まわりから〝できた嫁〟だと褒められるようにしなさい。そのうえで殺せば、誰にもばれないだろう」。お嫁さんは、一年後、再び実家に帰ってきました。

父親が「どうだった？」と聞くと、「一年間、尽くしたら、姑さんがすっかり私のことを気に入ってくれて、ほら、実家に帰るんだったら着ていきなさい、とこんな綺麗な着物まで買ってくれました。お父さん、もう姑さんを殺す必要はなくなりました」。

お父さんは、「それは良かった。渡した毒は、実は小麦粉だったんだよ」。

嫁と姑を仲よくさせる、お父さんの究極の知恵でした。

角田さんのテーマは、競争を行動の原理とすることから、お互いが「勝ち勝ち」のかかわりができる知恵を身につけることでしょう。

それができたとき、みにくいあひるの子のように、運命までもきっと変わってくるに違いありません。

『三匹のこぶた』に見る性格タイプ

絵本『三匹のこぶた』では、ある日お母さんぶたが、子どもたち三人に「自分の家を持つように」と伝えます。

一番上のお兄さんぶたはわら売りから、二番目のぶたは材木売りから、三番目はレンガ売りから材料を仕入れ家を建てます。おおかみに簡単に家を吹き飛ばされてしまった二人の兄は、弟のしっかりしたレンガの家に入れてもらって助かります。

あなただったら、どのこぶたに投影するでしょうか。「誰に投影するのが一番いい」ではなく、投影することで、見えない「もう一人の自分」がかいま見えてきます。

一番上の兄は、楽天的な性質です。先のことより今を楽しむことを優先します。しかし少し計画性や緻密さに欠けます。二番目のこぶたは、器用さや要領のよさが認められます。しかし、ちょっと飽きっぽい。力を発揮しないまま、途中であきらめる傾向が見えるかもしれません。一番下の弟は堅実で、賢くて、一番頼りになる存在です。でも今を楽しむことをしていません。

世間的には、弟ぶたのような「良い子」になることが歓迎されるようです。しかし、順応しやすいというのは、無邪気さを失いやすい傾向を持っています。無邪気さは創造性の源です。「子どもらしさをなくした」子どもは、それだけ早く「大人」になっていきます。現実的で、ファンタジーやイメージの世界から遠ざかってしまいます。

兄ぶたたちは、先のことをあまり考えない代わりに、今この瞬間を十分に楽しむ才能にあふれています。

3

あなたにはあなたにしかない価値がある

愛がほしい、愛がほしいと言い続けているあなたに

――『はらぺこあおむし』（エリック・カール）

愛してもらいたくて愛する愛がある。それは「条件つきの愛」。一方、ただ愛するために愛する愛もある。それが、無条件の愛を自らのうちに育てていく一番の近道。

自分がつまらなく不満なのは、心が満たされないから

生きがいのある仕事や実感が持てなくて、毎日をつまらなく感じている人は少なくありません。「私は生きがいのある仕事をしたい。でも、何をしたらいいのか、何が生きがいなのかよくわかりません」と訴えてくる人もいます。

毎日が特に不幸で深刻な問題があるというわけではなく、かといって現在の生活が満たされているわけでもない。漠然と将来に不安を抱き、ときには転職しようか、もう一度勉強し直して資格でもとろうか、海外留学でもしようかなどと、いろいろと考えは浮かぶのですが、そこから先に一歩が踏み出せない。

すべてにおいて、自分の中で堂々めぐりしてしまいます。自分がどこに向かえばいいのか、何をしたいのかを見つけられないでいるわけです。河合純子さん（二九歳）も、そんなひとり。いつも何かが足りない、何をしたら心から満足できるのだろうかとすっきりしない毎日を過ごしています。

「好奇心をもって何かを始めます。楽しいし、わくわくする。でも、すぐに何かが足りない、何かがおかしいと思えてしまうのです。なんとかその中でいいものをつかんでも、それ以上はつまらなくなっちゃうんです。先が見えてしまう……その繰り返し。面白そうと思って一生懸命やると体を壊すことも。ほどほどにしておけばよかったとか、自分には合わないのかなと後悔することもあります」

緑の葉っぱを食べて、はらぺこ解消

河合さんが興味を示したのは、『はらぺこあおむし』でした。エリック・カールの絵本で、〇～三歳頃の幼児に与えられるとてもかわいらしい絵本です。この年齢の乳幼児期は、一〇〇％母親に依存しています。その母親に、しっかり抱きしめられ、ひざの上に抱っこされることで「母親と精神的にも肉体的にも同じである」という母子一体感を感じ、安心します。この一体感を十分に味わうことで心の基礎ができ、成長してからの自立につながっていくのです。心が満たされないのは、この時期の母子一体感が十分でないことが原因とも考えられます。

あおむしは葉っぱの上で生まれました。リンゴやスモモ、イチゴやオレンジを毎日毎日食べ続けます。食べても食べてもはらぺこのあおむし君でしたが、ついにはおなかを壊してしまいます。
最後に、ずっと目の前にあった緑の葉っぱを食べてみると、おなかも治り、ようやくはらぺこではなくなります。そしてサナギになり、やがてチョウになって飛び立ちます。

（『はらぺこあおむし』エリック・カール、偕成社）

河合さんは「あおむし君は、食べても食べても満たされない。まるで愛されていることに気づかないで、愛がほしい、愛がほしいと言い続けているようにも見えます。私も小さい頃からずっと、お母さんに愛されていないと感じていました。愛されているのは優秀なお兄ちゃん。小さいころから差別されているなって感じていました。お母さんだけじゃなく、まわりのみんなも信用できなくて、いつも孤独を感じていました。何をしても満たさ

れないあおむし君は私そっくりな気がするんです」

満ち足りて幸せなあおむし、つまらないままの私

彼女の言うとおり、あおむし君も河合さんも一見同じようです。あおむし君は満たされない思いを食べ物で満たそうとし、河合さんは母親に満たしてもらえなかった愛情を何かで得ようとしていたのです。しかし、この後の展開が違います。あおむし君は近くにいっぱいあった緑の葉っぱをたくさん食べ、おなかが治り、「はらぺこ」ではなくなりました。何日も眠って満ち足りて、とても幸せな気持ち。一方の河合さんは、いろいろなことに興味を持って、一時的に楽しい思いや満足をしますが、すぐにつまらないままに逆戻り。似ているようで、どこか違っているのです。

河合さんが、あおむし君のように満たされるためには、あおむし君がやっていて、河合さんがやっていないことを見つけなければなりません。それを見つけられれば、河合さんはあおむし君のように満ち足りた幸せな世界を体験することができそうです。

あおむし君は、「葉っぱ」を食べたことで変容が起きました。この「身近にあった葉っぱ」がかぎを握っているようです。緑の葉っぱはあおむし君にとってどんな存在なのでしょうか。「『おや、はっぱの　うえにちっちゃな　たまご』　おつきさまが、そらから　み

ていました」。こんな風に物語は始まります。お月さまも、葉っぱも直接のかかわりはありませんでしたが、ずっとあおむし君を見守り続けていました。まるで、自由に遊んでいる幼い子どものそばにいる母親のようです。お月さまも葉っぱも母性（女性性や癒し）の象徴と見ることができそうです。

葉っぱと一体化したあおむし君

あおむし君が食べすぎておなかをこわしてしまったときには、葉っぱは自分の生命力のすべてを提供して、あおむし君を癒し育くみます。葉っぱは、母親の愛のような見返りを求めない「無条件の愛」ということができます。

あおむし君は、緑の葉っぱの「無条件の愛」を受けとりました。受けとったことによって、青虫からさなぎへ、そして蝶へと変容（心理的成長）を成し遂げたのです。蝶は生まれ変わりや、人生の変容を象徴する動物です。

緑の葉っぱは、あおむし君に食べられることであおむし君と同化し、一体となりました。葉っぱとあおむし君は「無条件の愛を与える」ことと「自己を変容させ自己実現する」というそれぞれの目的を統合させたのです。

河合さんは幼い頃に充分に「愛された」記憶がありませんでした。実際に愛されていなかったのかどうか事実はわかりません。愛されていたのに、優秀なお兄さんと比較して自分では「充分に愛された実感がなかった」だけなのかもしれません。河合さんの満たされない思いは、結果として「自分を真に愛してくれる存在」を外に求め続けることになっていきます。しかし、外に求めても満たされることはありませんでした。河合さんが、愛を実感し満たされるには、どうすればいいのでしょうか。

「母性性」グレートマザーは男性にも存在する

ユングは、人間の無意識の世界には、自分を特徴づけるさまざまな元型（意識の源）があると言いました。コンプレックスや、シャドウ（影）といったわかりやすいものから、女性性（アニマ）、男性性（アニムス）といった少し理解が難しいものもあります。グレートマザーと呼ばれる「母性性」も元型のひとつです。

幼い子どもたちを見てください。小さな生き物や花たちに接すると、誰が教えたわけでもないのに「きれいだね、かわいいね」と感じます。自然万物を慈しみ、愛する気持ちが生まれながらに備わっているのです。この愛情が「母性」なのです。

弱いものをいたわり、いつくしむ気持ちも母性といえます。「母性」とは、何の見返りも求めず無条件に人に与え、育む愛情といえるでしょう。たとえば、川に落ちたわが子を救うために、泳げないことをすっかり忘れて飛び込む母親の心性も、まさしく「母性」です。このように、すでに生まれたときから、誰に学ぶでもなく、自然に身についている元型が母性性です。私たちの内面には男性であっても必ず「母性」が存在するのです。『はらぺこあおむし』の中で母性にあたる存在は、緑の葉っぱでしょう。緑の葉っぱは、あおむし君を葉の上で常に支え続け、最後には、栄養として自らを惜しみなく与えます。緑の葉っぱを食べたあおむし君は見事に太ってはらぺこではなくなります。緑の葉っぱはあおむし君を十分に育んだのです。

ついに蝶になった！　あおむし君

世の中にはさまざまな事情で十分に母親から愛してもらえなかった人が少なくありません。こういう人は、他者へのいたわりの気持ちや母親的な態度がとても強いことが特徴です。それは、愛されたい気持ちの裏返しなのです。愛することによって、愛される見返りを求めていることが少なくないのです。

愛してもらうために、つまり自分の欲しい見返りのために与える愛情は、「無条件の愛」とは違います。「条件つきの愛」です。

河合さんもその典型でした。彼女は、つき合っている恋人に対しても、飼っているペットの犬に対しても、世話好きという以上に、過剰にかかわるのです。でも、それは、「母親のように人を愛していた」のではなく、無意識のうちに、愛してもらうために「一生懸命まわりに尽くす」という態度なのです。そうやって母親から得られなかった愛を、まわりから得ようとしたり、満たされなかった愛を感じようとしていたのです。

彼女が、そこに気づかなければ、いつも〝条件闘争〟となり、心が満たされることはありません。彼女にとって大切なのは、自分の内面にある「母性」に気づき、それを育て、実践することです。内なる母性とつながることは、得られなかった母親からの愛を自分の内側に見つけるきっかけになるはずです。それによって「母子一体感」を感じられれば、愛されてこなかったという今までの恨みを氷解させることもできるのです。その時に初めて自己実現が始まります。

愛をもってかかわれば変容につながっていく

河合さんが、それに少しずつ気づいたのは、セッションが終わってひと月ほどしてからのことです。彼女は、次のように振り返りました。

「最初、母性といっても、あやふやで何のことかわかりませんでした。特に育むとか、無条件に与えるということについては、私は恋人にも愛犬のグーに対しても無条件に与えているつもりでいましたから、ピンとこなかったんです。それくらいのことなら自分には充分にできていることだと思っていたんです」

「最近、亀さんを飼いました。とっても可愛いんです。でも、最初のうちは戸惑いました。私がいろいろ世話をしても、亀は彼や愛犬と違って、愛想を振りまくわけでもないし、何も反応してくれません。ただそこにいるだけ。でも、私はそれにもかかわらず、かわいいなぁと思って世話をし続ける。もしかしたらこれが本当の母性、無条件の愛なのかな？　私のいままでの愛は、彼や愛犬にずっと求めていた愛だったのかもしれないって感じるようになったのです」

心が満たされない原因がわかった河合さんは、次第に母性の愛によってまわりとかかわっていけるようになるでしょう。それはきっと人生の変容の始まりにもつながっていくはずです。

あなたに許可を与えられるのは、あなたしかいない

――『ちいさなたいこ』（松岡享子）

あなたを本当に愛してあげられるのは、あなた自身。自分を認めるのも、許すのもあなた自身がしてあげられること。あなたが存在していること自体、すでに許された証し、愛されている証しである。

幼い頃に芽生えた父親コンプレックス

人はこの世に生まれてきて、まず母親、父親と向き合います。人が生まれて最初に作り出す人間関係が、家族との関係です。この最初に出会う家族とのかかわりが、その後の成長を大きく左右します。良くも悪くも、家族は自己形成の源です。親からたっぷりと愛情を注がれることからも、反対に愛情を注いでもらえないことからも、さまざまな影響を受けながら成長していくのです。言い換えれば、家族とのかかわりをつぶさに見ることが、自分探しにもつながっていくのです。自分の考え方、価値観、人生のあり方など、すべての秘密が家族とのかかわりの中に隠されています。

八幡純子さん（二七歳）の父親は、酒を飲むと家族に暴力を振るいました。幼い頃、八幡さんは、そんな父親を「気狂い！」と罵りました。そのひと言は父親を深く悲しませました。当然の代償とは思うものの、父親を悲しませたことに心が痛み、後悔し、自らも深く傷つきました。

一度溝ができてからは、うち解けて話し合うこともなく、形式的な親子関係が続き、父親は自分を避けるようになったと感じました。父親が自分の存在を十分に認めていないと思うようにもなりました。父親から認めてもらえないという感覚は、寂しくとても不安なものです。いつのころからか父親の顔色を伺い、父親の言動に耳をそばだて、びくびくする自分がいました。

いつしか彼女は、父親に許可を求めなければ何もできなくなってしまいました。いちいち許可を求めなければならない自分に腹立たしさを感じますが、自己主張すると一層、父親との関係に亀裂が入るようにも思え、ジレンマに苦しんでいたのです。

自分から「やってみよう！」と言ってみたい

彼女は一年半前、クラスに来ました。おとぎ話のセッションで、彼女は『ちいさなたいこ』を大事そうに開きました。三歳ぐらいからこの絵本を母親に読み聞かせてもらい、かぼちゃの場面にきたときは、その絵をいつも食い入るようにのぞき込んでいたそうです。物語は次のように始まります。

ある夜、まつりばやしが聞こえてきます。「どこから、聞こえてくるのだろう」。それは、かぼちゃからでした。不思議に思ったおじいさんとおばあさんは、かぼちゃの穴をのぞきます。すると、中で親指くらいの男女が三十人あまり輪になって踊っていました。

ある晩、そのまつりばやしが聞こえなくなりました。太鼓の皮が破れたのです。おじいさんとおばあさんは、「わたしたちで、新しい太鼓をつくってあげよう」と、ほそい竹とどんぐりの皮で、やっとちいさな太鼓をこしらえました。それを箸でつまんで穴からそうっと中へ入れました。小さな人たちは、みんな喜びながらまた踊りはじめました……。

（『ちいさなたいこ』松岡享子、福音館書店）

小さな穴の中をのぞく物語は世界中どこにも見られます。心理学的には一般に「のぞかれる世界」は無意識の世界を象徴しているととらえます。物語によってさまざまですが、

『ちいさなたいこ』では楽しさや喜びにあふれた世界があるようです。

八幡さんは、おばあさんに投影しましたが、実は物語には、ほとんどおばあさんは登場しないのです。たいてい「二人は～しました」と書かれているだけで、「おばあさんが～した」という箇所はありません。しかし、八幡さんは、なぜかおばあさんの存在に引きつけられるのです。

あらためて、おばあさんが登場する場面を探してみましょう。ありました。太鼓が破れて、おはやしが聞こえなくなった場面です。

「こまったことだ。なんとかならないものか」。おじいさんがいいました。

おばあさんは、しばらくだまっていましたが、やがて「わたしたちの手で、あたらしいたいこがつくれないものでしょうか」と、かんがえかんがえ、いいました。

「やってみよう!」

主体的、積極的に自分らしく行動する

八幡さんがおばあさんに強く引かれるのはなぜでしょうか。おばあさんのひと言によって、おじいさんが「やってみよう!」というのです。きっかけを作り出す、たった一言の中に、自分にはない、ある種の強さ、積極性、主体性を感じるのかもしれません。「私も、

あんなふうに人を動機づけることができたら」と潜在的な思いを彼女は受け取っているのかもしれません。

「私は、おばあさんのように、自分から何かを持ちかけたり、アイデアをだしたり、積極的に行動することが苦手」と話す背後には、父親に対する恐れや、コンプレックスがあるのです。

「お父さんは、どんな人ですか？」

「大学の教授です。まわりからも尊敬されていて、家庭でも発言権が大きく、何をするにも父の許可なくしてはできない」

「許可をもらわなければ、何もできない？」

「はい、今まで許可をもらわないでやったことは一度もありません」

八幡さんには弟が二人います。しかし、弟たちは父親にプレッシャーを感じることはないようだ、と言います。

「お父さんに、どうしてもらいたいの？」

「私をもっと信用して欲しい」

お父さんに信用してもらえるには、どうしたらよいのか。物語のおばあさんの立場からヒントをみつけていくことにしましょう。おばあさんは「わたしたちの手で、たいこがつくれないものでしょうか」と、提案しています。おじいさんに作ることをお願いしているのでもなければ、自分が作ることに許可を求めているのでもありません。同じ視線に立ちながら、互いに尊重し、信頼し、認め合う夫婦の関係がうかがえます。

それに比べ、八幡さんと父親は、許可を求めたり与えたりする関係です。八幡さんがもし父親にこのことを伝えようとしたらどのような言い方になるでしょうか。「たいこを作ってあげてくださいませんか」「たいこを作っても良いでしょうか」。こんな風になるでしょう。

常に父親に気を使いながら、自分のこととして主体的に何かをすることができないままなのです。「怒られると怖いし、悲しい……。お互いにもっと楽にかかわれたらいいのに」と語る八幡さんには遠慮があり萎縮し、父親を見上げているのがわかります。

自分の存在理由がわかると安心できる

私の体験ですが、ある時に、自分という存在が父と母が愛し合って生まれてきたのではない、ということに気づいて、ものすごいショックを覚えたことがありました。父親は他にもいくつも家庭を持っていたし、ましてや正式の夫婦ではない二人の間には、愛情という架け橋は特になかったようなのです。

父親と母親というものは互いをかけがえのない存在として尊重し、愛し合うものだと思っていた私には、これは自分の存在を否定するのに十分すぎるほどのものでした。ずいぶん自暴自棄にもなったし、ふてくされもしました。何をするにも被害者の気分でいっぱいで、父親に対して憎しみを持ち、母親に対しては怒りさえ感じるようになりました。

そんな時、あるワークショップに参加する機会がありました。そこで、自分の持っているうまくいかない人間関係を修復するというテーマの体験がありました。私は真っ先に両親との関係について思い浮かべました。リーダーのガイドに従って私は一つのイメージを描きました。父親と母親が並んで大地に立っている、そんなイメージです。

やがて、二人の間に一筋の光が静かに、そしてやわらかく大地に届きます。大地に届いたその光の先に、小さなひと粒の種が植えられます。その種は大地からたっぷりの栄養を受け取り、やがて地表に小さな芽を出します。小さな手を開くように葉を広げ、体いっぱいにやわらかい太陽の光を浴びます。そしてつぼみをふくらませ、ゆっくりと花を咲かせます。ふと気がつくと、見事に咲いたその花を父と母が見ながら、微笑んでいたのです。この花は私自身でした。

確かに私は二人が愛し合って生まれたのではなかったかもしれません。でも、間違いなく私という存在は二人にとって「愛すべき」存在でした。私という花は、二人に微笑みと、優しさを与えました。私自身に存在理由を見つけることのできた感動的な瞬間でした。

私たちはすでに許されている

八幡さんが、父親に許可を求めるのは、自分の存在を十分に認めてもらえていないという意識があるからです。しかし、父親が認めていないことを確かめたわけではありません。本当は、父親は認めているのかもしれません。ただ、八幡さんが認めていないと思い込んでいるだけなのかもしれないのです。

彼女が作り上げたイメージの中で、勝手に息苦しさを覚え、尊敬する父親をかえって遠ざけてしまっているとも考えられます。こんな時は、まず自分という存在を、自分でしっかり見つめることが大切です。

「私」という存在は、この世に生まれてくることを許されて生まれてきました（許されていなければ生まれてくることはできないのですから）。許された存在なのですから、自由を与えられ、自分で選択することができます。他人の干渉を受けないで何事も自分で決めることができるのです。

父親に許可を求めても、おそらく永遠にその許可はもらえないでしょう。「許可は、自分が自分自身に与えるもの」なのです。まわりの目を気にしたり、過去の経験から立ち止まったり、あるいは世間一般の常識にとらわれたりすることで、自分に許可を与えるのをやめてしまいます。そして結局、それを「誰かのせい」にしてしまうのです。でもどんなに「誰かのせい」にしたところで、相変わらず一歩を踏まずにそのまま、変わらずに苦しんでいるのは「自分自身」ということです。

自分と人との間に「一粒の種」を植えよう

一人一人には独立した価値観があり、選択することや決断する力を与えられています。その力は誰に制約を受けることなく使うことができるのです。

自分が「許されている」ことを確信し合ったもの同士であってはじめて、信頼や愛ある関係性を持つことができるのです。

自分と誰かの間に、望まない溝があるのなら、その人と自分のあいだに「一粒の種」を植えてみます。そしてその人との間に花を咲かせてみるのです。許せないあの人との間に、誤解によって離れてしまったあの人との間に、心から愛しているあの人との間に……。

おばあさんとおじいさんは、破れたたいこを元通りにして、小人たちの楽しい踊りをまた見続けます。

小さな人たちは、お礼にだんごをあげました。それを口に入れるとおじいさんとおばあさんの体が小さくなり、かぼちゃの中でみんなと幸せに暮らしました。

八幡さんは、ポツリこう言いました。「私は父親に十分に認められたり、受け入れられているという考えを持ったことがありませんでした。

でも、考えてみると、受け入れられなくて悲しかったという思いをしたことは一度もありませんでした。

私は、父親にとってふさわしい娘ではないと勝手に思い続けていたのかもしれません。何よりも認めて欲しいと願う父親を、私自身が父親として認めてこなかったのかもしれません。

今は、父親に娘として受け入れられていると思えるし、父親は間違いなく私の父親だと思えます」

自分で無意識の世界に閉じ込めてしまった「楽しさや喜びの世界」を、もう一度取り戻すプロセスが始まったようです。

人に心を開く前に、まず自分自身に心を開こう

『赤ずきん』（グリム童話）

心を開くことに臆病になるのはなぜだろう。心を開くと無防備になるから。そのことで何度も傷ついてしまったから。でも、あなたから心を開くことで、はじめて信頼は作り出される。

大人になって読み返し、疑問がわいてきた

ＯＬの村上愛子さん（三〇歳）は、職場での人づき合いが苦手だと言います。誠実で責任感が強く、仕事上はまわりから信頼も厚い愛子さんですが、日常の人間関係となると、表面的には楽しくおしゃべりはできても、なかなか溶けこめません。軽々しく人のプライベートを興味本位に聞いてきたり、ふざけ半分にまわりのうわさ話をすることが嫌で嫌で仕方がないのです。まわりの人たちも気軽に話しかけてくるでもなく、ときどき愛子さんは自分が疎まれているのかなと感じることもあります。最近、ストレスもたまりがちです。

おとぎ話のセッションで彼女がとりあげた物語は『赤ずきん』でした。

子どもの頃、かわいらしい赤ずきんに心が引かれたようです。「お母さんの言いつけを守って、道草をしてはいけない、お母さんの言うことはよく聞かなくちゃいけない」と、その頃は素直に受けとめられました。ところが、最近あらためて読み返すと、「本当に言いつけを守らなくてはいけないの？　お母さんだって間違いもあるのに」「知らない人とは口をきいてはいけない、というのはどういうことなの？」と疑問がこみあげてきます。社会人になって、物の見方がより多面的になってきたことも影響しているのでしょう。

赤ずきんがおおかみと話を交わした意味

赤ずきんは、お母さんから菓子とブドウ酒を病気になって寝込んでいるおばあさんに届けるように言われます。お母さんは「寄り道しないで、まっすぐ行くように」と告げます。途中、赤ずきんはおおかみに出会い、森の中のお花畑に誘われます。

赤ずきんはおばあさんに花を摘んであげようと思います。花摘みに夢中になっている間に、おおかみはおばあさんの家に行き、おばあさんとお見舞いにきた赤ずきんをぺろりとのみこんでしまいます。

そこに狩人が通りがかり、おおかみのお腹を切り裂いて、おばあさんと赤ずきんを助け出してくれました。赤ずきんは、「これからは、お母さんのいいつけをちゃんと守るわ。もうけっして道草なんてしないから」と母親に約束をして物語は終わります。

（『赤ずきん』グリム童話、偕成社）

彼女が納得がいかないのは、赤ずきんが助け出されて、「もう道草はしないし、知らない人とは話したりしないし、お母さんに心配かけないから」と反省している場面です。「この物語では、知らない人と口をきくことが悪いことのようにいわれているが、そんなに悪いことなのかしら」と疑問をもつのです。「むしろ、お母さんの言いなりになるのは、自立できていないことを意味するのではないかしら」が愛子さんの解釈です。「この場面の赤ずきんは、私の昔の姿だったんです。今の私は自立するために仕事も一生懸命して、それなりに自分の考えを築いています」

のみこまれるって、どんなこと？

赤ずきんはおおかみにのみこまれます。おおかみや怪獣などにのみこまれる物語は、『赤ずきん』のほかにも『おおかみと七匹の子やぎ』『ピノキオ』『一寸法師』『やまんば』

などたくさんあります。「のみこまれる」テーマは世界中に分布しているようです。「のみこまれる」とは何を意味しているのでしょうか。広大な大地を思い浮かべてください。大地は一粒の種をその内に抱き、育みます。水分や栄養を与え、種は芽吹き、葉を茂らせます。やがて花が咲き、時が来ると実をみのらせます。大地は落ち葉や種を、またその内にのみこみ育みます。母なる大地といわれるように、「のみこむ」「育む」には、母親という存在を象徴するテーマが込められているのです。

人は幼い頃は母親と一体であり、やがて分離し自立します。この自立の象徴的テーマが「母親退治」です。第一次反抗期という形で親に「反抗」「反発」しますが、この時期に充分に反抗させてあげることが子どもの心の成長に欠かせません。特に幼い男の子は怪獣ごっこやヒーロー遊びに夢中になります。怪獣は母親の象徴であり、ヒーローは自立した自分の姿なのです。

愛子さんは、子どもの頃は、充分に母親と一体・分離の経験がもてず、自立できずにいました。しかし、大人になって、母親に「のみこまれて」いた自分に気づき、実社会で新しい自分を再誕生させていたのです。彼女なりに、自分を成長させてそれなりに満足を得ていました。だから、母親とのかかわりに関しては「もう私は十分に学んで、このテーマは卒業した」と考えているのです。ただ、人間関係だけがうまくいかないのです。

なぜ「あと一歩」のところで幸せを取り逃がしているのか

つき合いが苦手な愛子さんの課題を考える前に、赤ずきんがたどり着いた心のレベルに焦点をあててみましょう。

「赤ずきんは、何に到達したのでしょう？」

「安心と家族愛です」

「村上さんはそれを手にしていますか」

「……」

確かに彼女は「あと一歩」というところで、いつも幸せを取り逃がしているのです。以前、愛する人との結婚を、直前に自分から断わってしまったことがあります。最初に勤めた仕事も、慣れてきたなと思う頃に自分からやめてしまいました。

「自分を成長させ自立もできたのに、なぜ私は幸せ、愛を手に入れることができないのだろう」。これが愛子さんにとってのやり残しの宿題なのです。

つき合いの範囲が狭い理由は？

知らない人とのかかわりを作り出すことが苦手な愛子さんは、何とか人間関係を広げたいと思いながら、どのように話をしたらいいのかいつも困ってしまうといいます。「人と口をきく」とは人間関係をあらわします。「知らない人と、どのように話をしたらよいのか」とは、人とのつき合い方をどうしたらいいのかということです。愛子さんに、「知らない人と話をするとか、しないというのは、どういう意味を現わしていると思うの？」と質問します。

「……」

「では、赤ずきんは誰とだったら話をしてもいいと思うの？」

「知っている人となら話してもいい、ということかな」

「安心や安全のためには、知らない人と話をしないという社会の常識を愛子さんは守っているようだけれど、知っている人とだけ話していて、人とのかかわりはどうでしたか？」

「狭かった」

「もうひとつ、知らない人と話をしてはいけないという声は、一体誰の声なの？」

「……母親……かな」

愛子さんは、今まで自分が自立してきたと思ってきたけれど、実はいまだに「母親の考えに同化し、縛られている」ことで、自分では望んではいないのに、心の中ではその考えを忠実に守ってしまっているようなのです。

「では、縛られている考えを手放すにはどうしたらいいと思いますか？」

「……自分を尊重して……オープンにすること？……」

傷つくことを恐れて自分をオープンにできない

人間関係の一番のコツは、自分をオープン（自己開示）にすることです。自分の心を閉ざしていては、相手も心を開いてくれません。心を閉ざすと、疑いや不信も生まれます。本当の「自分」からも遠ざかってしまいます。自分をオープンにすることは本来の「自分」を取り戻す作業でもあります。

赤ずきんは、誰に対しても自分を閉ざすことなく心を開いていました。おおかみにさえ疑いを抱かなかったのです。愛子さんは、心をオープンにすることの大切さは知っていました。でもそれは相手に求めることで、自分からはできなかったのです。傷つくことを恐れていたからです。傷つくことを恐れると、臆病になり、人との関係性を遠ざけます。愛子さんは自分が臆病になっていたことに気づき、これからはもっと人と積極的にかかわろうと心に決めました。

自分の感覚を認め、内なる声に耳を澄ますと心が開いてくる

人とかかわるときに必要なのは、自分に心を開くことです。自分に心を開くことで、間

違いなく人との関係の中でも心を開くようになれるのです。でも、自分に心を開くのは結構むずかしいものです。自分に心を開く秘訣をお教えしましょう。

自分に心を開くには、自分に素直になることと、「自分の心の声を聞く」ことが大切です。自分に素直になるとは、自分が感じている気持ちに正直になることです。「これはいけないこと」とか「こう思うと、人はどう受けとめるか」と考えたりしないで、まず、そのように感じている自分を受け入れ、認めることです。

自分の内なる声とは、「考えていること」のさらに奥深くに存在する、自分自身の真実の声です。この声はいつも小さな声でしか表現してくれません。眼を閉じて心静かにしていくことでようやく聞こえてくる大切な声です。これに耳を澄ますと、自分のしたいことに気づいていくことができます。

自分に素直になり、「自分の心の声を聞く」ことができるようになると、人にも心を開きやすくなります。心が開けないと悩んでいる人は、自分にも心が開けない人です。人に心を開きたいと思うのであれば、まず自分自身に心を開くことから始めるといいでしょう。

あなたにはあなたにしかない価値がある

――『だるまちゃんとてんぐちゃん』（加古里子）

人の生き方を真似しても、外の世界ばかりを探しても、自分らしさは見つからない。自分は「かけがえのない存在」であることを自覚することで、はじめて本当の自分らしさが生まれてくる。

自分らしさはどこから生まれるか

「自分らしく生きたい」「自分らしいやり方を通したい」と、多くの人が考えます。他人の意見に左右されず、自分らしい生き方ができたらどんなに幸せでしょうか。しかし、「では、あなたらしさって何ですか」と聞かれて、どんなふうに答えられるでしょうか。どれだけその問いかけに答える準備ができているでしょうか。

「自分らしさ」を伝えるのは、言葉でいうほど簡単ではないようです。しかし、これがはっきりしないと、どう生きればいいのかすらわかりません。自分らしく生きるには、まず「自分らしさとは何か」を見つけることが何よりも大切です。

一般に自分らしさといえば、他人とは違う、私自身の持って生まれた特徴や性格といったものでしょう。個性という言い方もできるでしょう。まず自分にはどんな特徴があり、どんな個性を持って生まれたか、自分にはどんなビジョンがあるのかに気づくことが、自分らしく生きるための前提になりそうです。

大川広美さん（三四歳）は、両親が離婚したため、幼い頃から母親と二人暮らしでした。気丈な母親に育てられ、充分に甘えることのできなかった大川さんは、父親に対しての憧れと同時に、一緒に生活できなかった不満をも抱き続けていました。時おり母親にそれをぶつけると、「ないものねだりをしてはいけない」とたしなめられました。満たされない大川さんは「自分は充分ではない、何かが欠けている」と感じてきたようです。

大川さんは、子どもの頃に読んだ『だるまちゃんとてんぐちゃん』がとても印象に残っています。

人を羨ましがらなくても自分の良さがある

だるまちゃんは、てんぐちゃんの持っているものが、ことごとく羨ましくてたまりません。そのつど、お父さんのだるまどんに「てんぐちゃんのような、うちわがほしい」「ぼうしがほしい」「はきものがほしい」とおねだりします。

お父さんのだるまどんは、その度にうちわやぼうし、はきものをつくってあげるのですが、だるまちゃんはひとつ手に入れると、満足もそこそこに、すぐにてんぐちゃんの持っているほかのものがほしくなってしまいます。

最後に、「蝶々やトンボの止まる、てんぐちゃんのような鼻がほしい」といいます。お父さんのだるまどんはおもちをついて、長い鼻をつくってくれます。するとその鼻にすずめがとまります。「すずめがとまるなんて、いちばんいい鼻だね」と、てんぐちゃんにいわれて、だるまちゃんはこころから満足します。それからもだるまちゃんは、てんぐちゃんと仲よく遊びました。

（『だるまちゃんとてんぐちゃん』加古里子、福音館書店）

人のものを羨ましがらなくても、自分の良さがあるのに、それに気づかないだるまちゃん。大川さんには、だるまちゃんが「ないものねだりをしている」ように映ります。「まるで私のようです。自分は自分らしくていいんだ、ということを言えない自分を、だるまちゃんが見せてくれているみたい」とため息をつきます。

何が自分らしいのか、と考えるのですが、よくわからない。そうこうしているうちに、自分を良く見せようと装ったり、都合の悪い自分を隠してしまうのが大川さんです。「自分は自分らしくていいんだ」と言えないだるまちゃんは、大川さん自身の姿。本人もそれはよくわかっていることです。大川さんも本当は、「自分は自分らしくていいんだ」と言えるようになれれば、と強く感じています。

ありのままの自分を知り、そんな自分を認めよう

私たちは、「自分のこんなところがいや」「自分は欠点だらけ」と否定的な側面ばかりを見がちです。そんな「欠点を含めたうえでの世界中にたった一人の自分」を認めることはなかなかできないようです。本当は「欠点」ではなく、それが自分の個性だととらえることができれば、どんなに自分を認められるでしょう。

だるまちゃんは、最後につくってもらった鼻が気に入ります。「鼻」には象徴的な意味があります。「鼻っ柱が強い」「鼻が高い」などのように、「鼻」はアイデンティティー（自己定義）やプライドを意味しています。

医者には〝医者らしさ〟、学校の先生には〝先生らしさ〟、警察官には〝警察官らしさ〟など職業における〝らしさ〟のほかに、男らしさ、女らしさといった個人的な〝らしさ〟もあります。〝らしさ〟とは、それぞれの位置や立場にふさわしい、こうあるべき姿とい

うような社会的な立場や個人に対する枠組みみたいなものです。

人はさまざまな立場や顔をもっています。アメリカ人とか日本人、学生とかＯＬ、父親・母親、長女・末っ子……このように社会の中で自分はどのような存在かを特徴づける定義、これがアイデンティティーです。アイデンティティーが定まると、居場所が見つかったようで安心します。自信がついたような感覚にもなります。

しかし、アイデンティティーはあくまでも「社会から見た〝らしさ〟」であって、自分が誰であるかを自分自身に問いかけたときの答えではありません。例えば、見知らぬ土地で、自分のバッグをなくしてしまいました。財布も携帯電話も、身分を証明するものをすべて失い、「自分が誰であるか」を証明しようがなくなったとき、あなたのアイデンティティーは消えうせてしまいます。

ですから、このアイデンティティーは、あくまでも社会の中でどのような自分であるかを証明する自己定義であって、それは「自分自身に対して、自分が誰であるか」という〝自分らしさ〟とは異なります。

本来の「自分らしさ」とは、アイデンティティーのように外部に証明するためのものではなく、あくまでも「ありのままの自分」を知り、受け入れることなのです。そのときにはじめて尊厳や誇りを取り戻すことができるのです。大川さんが本当に欲しいものは、この「ありのままの自分」を知り、そんな自分を認めること。自分らしさというのは、「ほかのだれでもない、私は私である」と自己認識したときの自分のことです。

この世に生まれること自体が「奇跡的な出来事」

鼻を手に入れただるまちゃんは、自分らしさを手に入れたのでしょうか。てんぐちゃんは最初からてんぐちゃんのままでした。だるまちゃんになろうとも、ほかの人が持っているものを欲しがることもありません。一方、だるまちゃんは「自分らしさ」に気づいていませんから、「てんぐちゃんのようになろう」として、てんぐちゃんの持っているものがことごとく羨ましくてたまらないのです。

自分らしさに気づけないと、自分にはないものを持っている人をうらやましく感じたり、自分よりも良く見えたりするものです。「あれさえ手に入れれば、あの人のように素敵になれる」と思ってそれを手に入れる。一瞬は満足しても、しょせん「自分そのもの」ではありませんから、またほかのものが欲しくなってしまいます。

自分らしさは、誰かの生き方をどんなに真似ても、得られるものではありません。では、どうすれば私たちは本当の自分らしさを見つけることができるのでしょう。それには、まず自分という存在の誕生がどれほど奇跡的な出来事であるかを実感することです。あなたは、「奇跡的」とも言える確率で生まれてきたことに気づいているでしょうか。何億もの精子のうちのたった一つの精子が、たった一つの卵子と結びつく。それは気が遠くなるほど奇跡的な確率です。そうして生まれた結果が今の「私の命」であるのです。

それだけではありません。その奇跡的な「私の命」は、何十代もの系譜の結晶でもあります。お父さんお母さん、そのまたお父さんお母さんからの遺伝子を受け継いで生まれてきました。「私の命」を現在から三十代さかのぼれば、平安時代の頃になります。この三十代を家系図にすると、大きな三角形が出来上がります。いったい何人の人がその中にいると思いますか？

この三角形の中には約五億人もの先祖がひしめいているのです。そしてその五億人のどの一人が欠けても「私」は誕生できなかったのです。十代ほどさかのぼった戦国時代の先祖が、もし「あの戦い」に敗れて死んでいたら、もう「あなたの命」はここに存在しません。先祖の「あの時の、あの出会い」がなければ、あなたはここには存在していないのです。

このように私たち一人ひとりの命は奇跡としか言いようのない確率で存在しているわけです。そして、一人として同じ人間はいない。この単純な事実に気づくことができれば、今ある自分がどれほど価値ある存在なのかがわかってくるのです。

自分らしさはすでに自分の中にある

大川さんは、父親がいないから「幸せになれない」のではなく、「父親がいない」という環境のおかげで、今の自分という存在があるのです。

「誰かに認められれば」「あの人のようになれれば」「父親さえいれば」……。こんなふうに思ってもけっして幸せにはたどり着けません。自分らしさを「外へ、外へ」探してみても見つかりはしないのです。

「私はずっと自分に対する誇りがありませんでした」。大川さんはそうつぶやきました。大川さんに欠けていたのは、自分への誇り、父親という存在の大切さの自覚でした。だるまちゃんのために一生懸命、「うちわ」や「ぼうし」「はきもの」「鼻」を作ってくれただるまどんは、愛情深い父親の姿そのものです。

セッション後、大川さんは十数年ぶりに父親に会いに行きました。彼女にとってはとても勇気のいることでした。そして、父親とひとときの時間を過ごすことで、十数年間のわだかまりが少しずつ消えていきました。

父親のひと言ひと言の中に、「父親から生命を受けてきた」ことが実感できたのです。そして、はにかみながらの「元気そうでよかった」という父親のひと言で、父親から深く愛されていたことにも気づけました。

今までずっと自分を尊重できなかった大川さんは、「父親がいて、初めて私という人間が存在する」ことを確信できました。

「最初から私は私らしく、今ここにいるんですね」。大川さんの目がようやく輝きました。

真っ暗闇の中で「自分」と向き合う

「自分に気づく」ことは簡単なようで、意外に難しいものです。理由はいくつか挙げられます。現実生活が忙しすぎる。自分の内面に意識を向ける機会が少ない。そして何よりも、その方法が分からない……。

「真っ暗闇の中で、自分を見つめてみませんか」。これがダイアログ・イン・ザ・ダーク（暗闇の中での対話）と呼ばれる手法です。日常生活のさまざまな環境を織り込んだ真っ暗な空間を、視覚以外の感覚だけ（聴覚や触覚など）を使って体験します。

部屋の中は完全な暗闇。6～7 人のグループで、視覚障害の方にガイドをしてもらう。あるのは、一本の杖とガイドの声だけ。突然ただよってくる甘い香り。ふと足元に変化を感じた。そこは落ち葉のスペース。座り込んで触れてみた。

少し移動すると、水の音。ガイドが水場に連れ、触れさせてくれる。「触った人はほかの人にも教えてあげて」の声で、お互いが援助を始める。糸電話での遊び、そして遊び場。植木、果物、おもちゃに触れたり。ブランコに揺れると、天地左右の感覚が消える。気持ちいい。

「お疲れでしょう、バーでのどを潤わせてください」。バイオリンの生演奏。音はまるで空間の中にすでに存在していたかのよう。

人工的な暗闇の中に放り込まれて、否応なしに自分と向き合った初めての体験。自分の五感が、これまでになく研ぎ澄まされていくようでした。

（このワークショップは、NPO 法人ダイアログインザダークジャパンが実施しています）

http://www.dialoginthedark.com/text_version/index.html

4

現実を受け入れたとき、幸せが見えてくる

手放すことでこんなに楽になれる
――『フランダースの犬』（ウィーダ）

「許す」ことは出来そうで出来ない。許せないで苦しむのは自分自身である。許せない苦しみから解放されるには、どうすればいいのだろう。許しは、いったいどのように起きてくるのだろう。

なぜこんな悲しい物語があるの?

幼いネルロ少年と、年老いた犬パトラッシェとの美しい友情の物語『フランダースの犬』。

体のきかなくなったおじいさんの代わりに、ネルロは遠い町までパトラッシェといっしょに牛乳運びの仕事をしていました。

貧しいネルロは、見ることのできないルーベンスの名画に心をかきたてられます。

ネルロは村一番のお金持ちの娘アロアと仲良しでしたが、アロアの父親は、ネルロに

つらくあたります。誰にも理解されないまま、独りぼっちになったネルロは教会の中で死んでいきます。

（『フランダースの犬』ウィーダ、岩波少年文庫）

橋本美智子さん（三四歳）は、「ネルロがこんなにひどい目に遭うなんて、悲しすぎる。なぜこんな悲しい物語をつくるのか、（作者の意図が）わからない。たとえ物語でもこんな悲惨なことは許せない」と心底から憤ります。

心やさしく正義感の強い橋本さんにとって、子どもの頃に読んで何度も泣いた、今でも忘れられない物語です。かわいそうな人をみると、なんとか助けたいと思う橋本さんはネルロの友達アロアに投影しました。「アロアはネルロのために何もしてあげられなかった。もっとアロアが賢かったら、ネルロを助けてあげられたのに……。人を救うことなんか結局はできないんだ」

橋本さんは困っている人や、弱い立場の人を放っておくことのできない性格です。そして、その気持ちがありながら、なかなか行動に移せない自分を責めています。

人を責め、自分をも責める

完璧主義の傾向の人は、目の前にある現実が許せないことが多いようです。橋本さんも、部屋の中がきちんとしていなければ気がすまないし、街を歩いていれば、非常識な態度をとる人たちが許せません。子どもの前で赤信号の横断歩道を渡ったり、タバコを投げ捨てたりするのはもってのほかです。お年寄りに電車の席を譲らない人を見ると、「どうして弱い立場の人のことをわかってあげられないの？」と腹が立ち、ひとこと言いたい気持ちになるのですが、自分からどうにかするわけでもなく、結局何もできない自分に怒りがわいてきます。

この世に完璧な人間は存在しないのは誰でもわかります。なのに、なぜ私たちは人間の完璧さを求め、そのことで苦しむのでしょうか。

幼い頃から両親の都合で親戚に預けられ、親と別々に暮らしていた橋本さんは、「私はあまり親に愛されてこなかった」と言います。一緒に暮らせなかったのは、自分が愛されるに値しない子どもだったからだと、ずっと思っていたそうです。結婚もし、二人の娘を授かった今でも、「もっとちゃんとしなければ」と自分に厳しい態度をとっています。「完璧な人になれば愛してもらえたはずなのに…」と信じている彼女は、知らず知らずのうちに、自分の完璧さだけでなくまわりにもその完璧さを求めるようになりました。当然のことですが、「親なのに、幼い自分を親戚に預けるなんて」「どんなに大変でも、親が子どもを手放すなんて許せない」と、親の不完全さをも責め続けていたのです。

傷ついて残った心のしこり

お母さんの性格は彼女とは対照的です。お母さんはどちらかといえば、おおらかで、言葉を替えるとあまり人の気持ちを考えない大雑把なところもあると橋本さんは言います。そのために、事あるごとに彼女は母親とぶつかってきました。あるとき、つまらない言い争いの末、たまりかねたお母さんが口走りました。「そんなことだから、いつまでもお嫁にいけないのよ！」。

自分が最も気にしていることを指摘され、母親なのに子どもの心に寄り添えず、人を簡単に傷つけるような言葉を繰り返す母親。橋本さんは深く傷つきました。母親に対する否定的な思いは、結婚した今も拭い去ることはできないでいるのです。

しかし、ふと気づいてみると母親だけではなく、いつも誰かを責めていました。「どうして、あの人は人の気持ちをわかってあげられないのか」「どうして、あんなにかわいそうなのに、まわりは放っておくのだろう」と、心の中で嘆きや憤りの中にいることがしょっちゅうでした。そんな自分を相変わらず「成長できない、ダメな人間」と責め続けます。

「今でも、母を許すことができません。でも、正直に言って、許すことができたらどんなにいいだろう、と考えることも時々あります。もし、おおらかで寛容な気持ちを持てる人になれたらどんなに楽になるか」とつぶやきます。

人を許そうとするとかえって苦しみが増す

橋本さんは、ネルロをわかってあげなかった人たちを心の中で責めます。ネルロが死んだ後にようやく皆が真実に気づきますが、「今さら気づいたって遅い！」と怒ります。怒りは人に向けられますが、怒りで苦しむのは自分自身です。

まわりは何事もなかったかのように過ごしているのに、橋本さんだけはいつも「許せない思い」の中で苦しんでいるのです。

「おおらかな気持ちになれたら楽」との言葉には、人を許したいという気持ちがにじみ出ているようです。橋本さんが、アロアだけでなく母親や人を許せるようになるにはどうしたらいいのでしょう。「人を許す」とはどういうことなのでしょうか。

「人を許す」――この大きなテーマに取り組む前に、「許し」とはどういうことなのかを理解する必要があります。多くの場合、人は許すことができずに苦しみます。許そうとしても、一方で「許せない」という気持ちが強く、「許したいけど、許せない」という、二つの気持ちの狭間で苦しむのです。

仮に許した気になっても、何かの拍子に許せない気持ちがまたよみがえってきたりします。これでは「許した」ことにはなりません。そのような経験を多くの人が何度か繰り返してきたのではないでしょうか。

聖人か神様にでもならなければ、本当の意味で人を許すことなどできないような気がしてしまいます。

無駄な戦いをやめてしまおう

橋本さんは、お母さんを許したいという気持ちがあっても、なかなか許せません。許せないという感情、心の中で母親を裁く思いが抑えても抑えても、もちあがってきます。

こんなとき、どのような態度で臨めばよいのでしょうか。それは、まず無駄な戦いをやめてしまうことです。「お母さん」を許すのをやめてしまいましょう。その努力はいつも徒労に終わるからです。

「許すのをやめる」とは、どういうことでしょう。それは、「母親を許せない」という〝考え〟、「お母さんは何もわかってくれない、ひどい人だ」というアイデアを手放すことです。「許し」とは手放すことなのです。それがここでいう「許し」の本質です。

「許せない」といいながらしがみついているその思考を手放す。これをそのたびに繰り返す。この繰り返しのプロセスが「許し」そのものなのです。

いろいろな事件が起き、新聞を見たり、聞いたり、そのたびに自分の感情がかき乱される、涙がこぼれる。そして、思う。自分にはどうすることもできない……。お母さんという存在だけでなく、世の中の不条理、かわいそうな出来事に対して「許せない」という気持ちになる橋本さんです。

そんなとき、「許せない気持ち」にかき乱されるのではなく、その〝許せないという考え〟を手放すことです。そうすれば、少なくとも自分の感情がかき乱されることはありません。

「その人を尊重したり、認めてあげることができれば、許せるのではないか」と言う人もいますが、尊重したり、認めるのも難しいことには変わりはありません。自分に対してひどいことをした相手を尊重するのはもっと大変なことです。たとえ口では「許す」と言えたとしても、いやな感情のしこりは残ります。

「許し」とは自分の内側の問題を癒すことです。「自分が負けたみたいで悔しい」という人もいるでしょう。気持ちはとてもよくわかります。でも、そんなときは、その考えすら「手放して」しまうのです。

誰をも裁かず、責めなかったネルロ

チベットの有名な仏教指導者ダライ・ラマは、「怒りは、なぜ心の中にわいてくるのでしょうか。それは、私たちに『忍耐』を学ぶための最大のチャンスとして与えられているからだ」と言っています。

このように自分の内側のテーマは、必ず「何か意味があって起きるもの」です。これは、知恵としての置き換えといってもよいでしょう。偶然は何一つなく「すべては意味ある出来事」ととらえることで、心を豊かにするヒントが見えてきます。

母親との縁を切ろうとまで思いつめていた橋本さんは、「思考を手放す練習」も兼ねて、思い切って母親の元を訪れ、久しぶりに一緒に食事をしました。顔を見合わせた瞬間はぎこちなさがありましたが、テーブルを囲んでの食事は、思いのほか楽しく、自分の感情が刺激されずに過ごすことができました。

帰りがけに、母親はやさしい表情で、会いに来てくれたことを心から感謝してくれました。思いがけない母親の笑顔の前で、橋本さんは涙があふれました。母親の笑顔にふれ、今までのあらゆる許せなかったことが、溶けて消えていくようだったといいます。

橋本さんが手にした本当の許しは、「実の母親を許せないでいた自分」を許してあげることだったのです。

許しとは、自分自身を許すこと。すべてのこだわりを手放すことで、自分が自由になれるのです。苦悩から一気に解放されていきます。

ネルロはどんな最後を迎えたのでしょうか。教会堂の石だたみに倒れているネルロの目に、ルーベンスの名画が一瞬くっきりと浮かび出ました。ネルロは大声でさけびました。「とうとう見たんだ！　おお、神様、十分でございます！」。誰をも裁かずに、誰を責める気持ちもなく、ネルロはパトラッシェと抱き合い、喜びにあふれながら物語は終わるのです。

何でも一人でやろうと思わなくていいんですよ
──『ヘンゼルとグレーテル』（グリム童話）

良い子を演じていると、〝仮面〟と〝素顔〟の区別がつかなくなる。本当の自分がわからなくなったときは、一度仮面をはずしてみるといい。本当のあなたは、仮面の後ろ側で今この瞬間も輝いている。

母親に捨てられ、幸せをつかんだヘンゼルとグレーテル

継母が森へ子どもたちを捨てようと言い出すところから、『ヘンゼルとグレーテル』ははじまります。

兄ヘンゼルと妹グレーテルは、森に置き去りにされましたが、一度目は月の光に照らされた小石を目印にして助かります。しかし、二度目は帰りつくことはできませんでした。小石の代わりにまいたパンくずを小鳥たちが食べてしまったからです。

二人は森の中をさ迷いながらお菓子の家にたどり着きます。ほっとしたのもつかの

間、そこは魔法使いの家でした。魔法使いは、ヘンゼルを太らせて食べようと小屋へ閉じ込め、妹のグレーテルをこき使います。

しかし、グレーテルは、パン焼きかまどに魔法使いを突き飛ばし、ヘンゼルを小屋から助け出します。二人は、魔法使いの持っていた宝物をポケットにいっぱいつめこんで、無事に家に帰りました。

(『ヘンゼルとグレーテル』グリム童話、偕成社)

大手の企業内看護士として働く生内文江さん(三一歳)は、おもしろいことに同性のグレーテルではなく、男の子ヘンゼルに投影しました。幼い頃から妹を守り、父親が亡くなってからは母を守ってきた生内さんにとって、ヘンゼルがもっともよく自分を表わしていると思ったからでした。

良い子を演じて、本当の自分を閉じ込めてしまった

生内さんにとって両親は理想の夫婦でした。二人ともすでに他界していますが、生内さんには否定的な思い出はまったくありません。生内さんは体が少し弱い以外は、学校でも家庭でも叱られたこともなく、近所でもお手本にされるような良い子でした。

小さい頃から、両親に「あなたはどう思う?」とよく意見を求められました。「長女として両親から頼りにされていたので、小さい頃から結構しっかりしていました。自分から親に甘えた記憶はほとんどありません」。生内さんのように早くから大人になることを求められるケースはよくあります。両親が共働きで家事を手伝わなければならなかったり、片親がいなくて親の相談相手になっていたり、あるいは下に弟妹が多くしっかりしなければならないといった場合によく見られます。しかしいくら「しっかり」しているとはいっても、しょせんは子ども。

幼い頃は誰でも母子一体感覚の中にいて、親からは離れられないのが普通です。子どもは親にたっぷりと甘えることで、安心を覚え少しずつ自立していくものです。充分に甘えることのできなかった子どもは、成人してからも安心できる人間関係を作り出すことができません。本当の安心した人とのつながりを実感できないまま「幼い自分、甘えたい自分」を心の奥底に閉じ込めてしまうために、甘えたくても甘えることができずに、一人で無理をしてしまうこともあるのです。

生内さんは、親の相談に乗り、妹のよき姉として助言し、仕事でも心身ともに疲れた人たちを癒し続けてきました。

「よく考えてみれば、『面倒を見て欲しい』と頼まれたわけではありませんでした。ひょっとして私の独りよがり、ただのおせっかいだったのかもしれません」と生内さん。困った人を見ると、勝手に使命感に燃え、自分の体の不調も脇において一生懸命尽くす。気遣いばかり多くて疲れきってしまう。

ひとり家に帰り着くと、最後は「一体あれはなんだったんだろう」とため息をつく。無力感がいっぱい……を繰り返してきました。まさにグレーテルを守りながらも、結局魔女にとらえられてしまったヘンゼルのようです。

人の気持ちは尊重できても自分を尊重できない

生内さんはヘンゼルに投影した心情をこう語ります。「もし私がヘンゼルだったら、隣の部屋の両親の話を聞いたときは、聞いてはいけないことを聞いてしまったという気持ちになったはずです。きっと後ろめたい気分になったに違いありません。

森の中に連れて行かれるときには、なるべく不安なそぶりを見せないで楽しそうに歩くでしょう。置き去りにされたときにだって、大丈夫だよと、泣いている妹を安心させると思います。小石の目印で家に帰り着いたときには、両親に『心配かけてごめんなさい、迷子になっちゃった』と謝ったでしょうね。そうやってひどい継母にさえ気遣っていたと思います」

たしかに「子どもらしくない」ヘンゼル観です。「でも、なんでそこまでしなくてはいけないんでしょう、私は」。

怖がったり、不安になって当然の状況の中でも、生内さん自身は、自分の気持ちよりも妹や両親の気持ちを優先します。こうやって幼い頃からずっと人の気持ちを察して行動してきました。これは「良い子」の典型的な反応です。

心のうちでどんな感情が渦巻いていようとも、親やまわりに気遣いをし、そのときにもっともふさわしい反応を心がける。この反応は友人や恋人に対してもまったく同じです。それは感心なほど「大人」の反応であり、人の気持ちを尊重する気配りにすぐれていますが、本人（自分自身）の気持ちはまったく尊重されてはいないのです。

なんでも一人でやろうとして孤立する

物語では魔女を退治し、家に帰り着きますが、どういうわけか継母はすでに死んでいました。このような展開は物語にはよくあることで、継母と魔女が一体であることを象徴しています。

ヘンゼルとグレーテルにとって継母と魔女はまったく同列で、魔女を退治することで、同時に継母も退治されているのです。魔女を退治したヘンゼルとグレーテルは、いじわるな継母も死んで、父親と三人で幸せに暮らしました。

生内さんはいまだに、ヘンゼルのように「幸せへの変容」を遂げられないのはなぜなのでしょうか。生内さんとヘンゼルの違いを見つけていくことで、生内さんの変容のポイントを見つけられるかもしれません。

物語を追いかけていくと、今までの人生で何でも一人でやってきた生内さんと違い、ヘンゼルは、まわりの力を上手に使っていることがわかります。自分の知恵だけで一人でやろうとせずに、共同でやろうとしているのです。

たとえば、森に連れて行かれるときには小石の力を借りました。その小石は月の光を借りて輝き、道しるべとなりました。もちろん魔女の家に閉じ込められたときにも、グレーテルの力を借りました。

自分一人でやろうとすることがいけないというわけではありません。共同で何かを作り出すことで何倍もの価値を作り出せるのです。自分以外の存在とともに始めると何かが創造されていきます。これを共同創造といいます。

なんでも一人でやっているうちに、孤立して言いようのない寂しさを味わったことのある人は多いはずです。自立と孤立は違います。何でも一人ですることが自立なのではなく、真の自立は、共に生きることなのです。

別れ際に恋人がもらした「もっと甘えて欲しかった…」のひと言

「何でも一人でやってきた」生内さん。「まわりの力を上手に使い、一人でやろうとせず共同でやった」ヘンゼル。人生でもたらされる結果や、作り出された価値にも大きな違いがあらわれたと考えられます。

生内さんがこれからの人生で取り組んでいくことは、心の中に「本当は甘えたい自分」がいることに気づいてあげることです。「一人ぼっちで寂しくて、本当は甘えたい」心の奥底にいる自分を解放してあげることが大切です。

「そういえば…」と、生内さんは、以前つき合っていた恋人から言われた言葉を思い出しました。「別れ際に、彼に『私に何かして欲しいことはなかったの？』と聞きました。彼はこう言いました。『もっと甘えて欲しかった…』。私は一生懸命に、彼のために尽くしてきたつもりだったけれど、結果的には彼を受け入れていなかった、彼に出る幕を与えていなかったのかもしれません」。

彼女は、独りよがりにならないで、何事もまわりと協力しながら取り組むことを目標に、再スタートを切りました。現在は、会社の仕事以外に始めたアートセラピストの活動を通して、たくさんのクライアントと「共に生きる喜び」を体験しています。

魔法の言葉 〝それはそれ、そして私はいつも満たされている〟

『しろいうさぎとくろいうさぎ』（ガース・ウイリアムズ）

目の前の現実に満足できず、いつも「これじゃない、こんなはずじゃない」と否定していても幸せにはたどりつけない。「どうであれば」幸せなのか「どうだったら」満足がいくのかに意識を向けよう。

本当の自分が出せなくて「不自由さ」を感じる

アメリカの絵本『しろいうさぎとくろいうさぎ』は、人種差別に対して子どもたちへの理解を促すために書かれたといわれています。人との比較や、偏見そしてそのことを超えた喜びが描かれた可愛いらしい絵本のひとつです。

森の中で白いうさぎと黒いうさぎがいつも一緒に遊んでいます。しばらくすると黒いうさぎがふさぎ込むので、白いうさぎが「何を考えていたの？」と聞くと「願い事。いつまでも一緒にいられますように」と答えます。白いうさぎは目を丸くして驚きま

す。そして「もっと願ってごらん」と言うと、黒いうさぎは「本当にそう思う？」と重ねて聞きます。やがて白いうさぎと黒いうさぎは、森の仲間たちの前で結婚します。

（『しろいうさぎとくろいうさぎ』ガース・ウイリアムズ、福音館書店）

ほのぼのとした、このかわいらしいお話が大好きな浅賀典子さん（二六歳）は、白いうさぎに投影しました。しかし、「一緒にいたい」と言う白いうさぎには同感ですが、結婚まですることには納得がいきません。好きなままでいたらいいのに、わざわざ結婚までするのは、白うさぎに自分の意志がなく、黒いうさぎの言う言葉に流されているようで、抵抗感や不自由さを感じてしまうと言うのです。

浅賀さんは三人姉妹の真ん中。期待される姉と、可愛いがられる妹との間で、幼いころは比較的自由でした。しかし中学生ごろになると親から「お姉ちゃんをお手本にしなさい。妹のいいお姉さんでいなさい」と言われ、「自分らしくいる」ことが次第に許されなくなってきたと感じるようになりました。我慢することが当たり前になり、ついには言いたいことも言わず、思ったことも伝えないうちに、本当の自分が出せなくなってしまいました。「その頃から、中途半端ではっきりしない、自分のことがよくわからなくなってしまった」と言うのです。

「何かがちがう、こんなはずじゃなかった」

自分の気持ちがよくわからない人は、たくさんいます。何かに迷っているとき、「あなたはどうしたいの？」と聞かれると返事に困ってしまいます。

浅賀さんも同じです。自分の気持ちがよくわからないので、聞かれたことを聞き流してしまうことがたびたびです。自分の考えをうまく伝えられないうちに、答えそびれ、そうこうしているうちに、勝手に推測されます。自分の本意ではないことがどんどん進み、「こうしておいたわよ」「これでいいわよね」などと善意で言われると、それに抗することもできず、流されてしまう。

まわりが自分に対して良かれと思って、仕事を紹介してくれたり、自分に役に立つことを教えてくれたり、いろいろ気遣いをしてくれる。それは有り難いことだから、喜ばなければいけないけれども、本当の気持ちはそうではないこともある。そうすると、しっくりしなくなってしまうのです。結局は、「何かが違う」「こんなはずじゃなかったのに……」となり、「どうしていつもちゃんと自分の言いたいことを言えないんだろう」と自分を責めはじめるのです。彼女の言葉を借りると、「まわりに流されて、とても不自由」。仕事や人間関係に流されやすい自分をなんとかしたいと、浅賀さんはいつも感じているのです。

「なりたい、なりたい」のまま永遠に終わってしまう人

白いうさぎが「いっしょにいるわ」と言い、「いつまでも？」と聞かれて「いつもいつも　いつまでも」と答えたことも、浅賀さんからみれば、なりゆきに流されてしまったようにしか見えません。白いうさぎの様子は、いつも浅賀さんのやっていることと同じ。「あれっ？　こんなつもりじゃなかったのに」という感覚に襲われると、浅賀さんは、その後はすべてが嫌になってしまいます。白いうさぎは黒いうさぎの言うことに流されて不自由なはずだというのです。

「自由になれば、まわりに流されないってことですか？」

「はいそうです。自由になりたいです」

「そのためには、浅賀さんはどうしたらいいと思っているの？」

「自分の考えをはっきり言えれば……」

「どうしたらいいのかはわかるんですね。でも、それができないからこのクラスに来たんですよね？」

「……」

浅賀さんは、「自由になりたい人」です。自由になりたい人は、多くの不平や不満を抱えている人です。私たちは「～になりたい」とよく口にします。しかし、「～になりたい」

人のほとんどが、「～になりたい人」のままだったり、「いつまでもそうなれない」ということに気づけるでしょうか。

まわりを見てください。「～になりたい」と、長い間その言葉を繰り返し言っている人はいませんか？　そういう人は結果的にどれほど「なりたい」を実現しているでしょうか。「～になりたい」人は、ほとんどの場合「～になりたい」を言い続けるままでいることが多いのです。たとえば「幸せになりたい人」は、「なりたい、なりたい」と言い続けるだけで、いつまでも幸せに憧れを持つままになってしまう可能性が高いのです。どうしてなのでしょうか。

幸せに「なりたい」人は、とかく「目の前にある現実は幸せとはいえない。私の幸せはこれじゃないんだ」と訴えます。目の前の現実を、今ここにはない理想の姿と比べて「これじゃない、これじゃない」と否定します。しかし、「これじゃない」ということはよくわかるのですが、それでは「どうであれば幸せか」は見ていません。「この現実とは違う」と言いながら、では「どんな状態が幸せ」なのかはあいまいなままなのです。

「まわり次第」の考え方だから不自由になる

浅賀さんは、

「みんなとよく話せたら」

「自分の考えをちゃんと話せたら」

「まわりのペースに巻き込まれて、流されなければ」

「自分を理解してくれさえすれば」……。

といった、自由でいられるための条件をいくつも持っています。この「～できたら」とか「～さえすれば」というものはすべて、自分以外の誰かや、まわりの環境がこうだったら、ああだったらという、まさしく「まわり次第」の考え方なのです。「まわり次第」の考え方は、自分が関与していません。「まわり次第」の考え方のままではけっして欲しい「自由」は手に入りません。自分が関与していないので、不自由感が生まれるのです。


自由とは本来どのような状態を言うのでしょうか。自由な人には、第一に不平や不満がありません。まわりにとらわれることなく、自分次第で生きているのですから、そもそも不平や不満が生まれ得ないわけです。

さらに、自由とは自然体のことですから、「もっとこうしなくちゃ、ああしなくちゃ」「こうして欲しい、ああして欲しい」と、自分やまわりを規制することがありません。言い方を換えれば、自由でいるというのは、現状をすべてそのまま受け入れることができるということなのです。

「自由になったら、不平も言えないし、不満も言えなくなるんですよ。思い通りにするためにまわりをコントロールすることもしない。自由になるということはそういうことですよ」。そう伝えると、浅賀さんはきょとんとしています。

浅賀さんは自分の不自由さは、自分の能力や才能、そしてまわりの環境のせいだと感じています。だから、自由になるために「こうだったら、ああだったら」という、いろいろな条件付けが出てくるのです。しかし、それらの条件がかえって自分を縛り、不平不満の原因になっていることになかなか気づけません。「自由になろう」とすることが、皮肉にも彼女の「不自由」さを作り出してしまっているのです。

不満はいろいろあるけれど、それはそれとして、そのまま受け入れてみる

私が「人生は気づきのプロセスである」と思いはじめたのは、自由について考えるようになったことがきっかけでした。私は、「父親に対する不満」「自分の生い立ちに対する不満」「自分を理解しないまわりに対する不満」「それを乗り越えられない自分の能力のなさに対する不満」……といった具合に人生が不満でいっぱいでした。それこそ「文句ばっかり」の人生を歩んでいました。しかし、不満の原因をたどっても、それらはすべてまわりに起因することであって、自分にはどうすることもできませんでした。

そんな私に、ある人がこんな言葉を教えてくれました。

「This is it! I'm satisfied（それはそれ。そして私はいつも満たされている）」

私にとってこの「This is it!（それはそれ）」は、魔法の言葉でした。いろいろ不満はあるけれども、それはそれとして、そのまま受け入れてみる。そうするとなんだか肩の力が抜けて気持ちが楽になりました。まわりに抵抗し続けてきたエネルギーがすっと消えてしまったような感覚でした。「それはそれ」だけだと、なんだかあきらめているような感じがするのですが、その後の「I'm satisfied」が自分の意欲を駆りたてます。満足も不満もすべて「自分次第」であることを、この言葉は気づかせてくれたのです。

それはそれ、そのままの現実を受け入れてみる。すると、今まで気づけなかった満足や幸せを感じられるようになる。「満足」は誰かによってもたらされるわけではなかったのです。

「自由になりたい」は「今は不自由」と宣言することと同じ

自由に生きようとすればするほど、自由に「条件」がつき始め、結果としては「不自由」になってしまう、と言いました。無意識はとても正直です。「自由になりたい」と言葉に出すことは、裏返せば「今、自由ではない」現実を確認しているようなものです。無意識は意識以上の力を持っています。無意識が「自由ではない」と思っているのであれば、間違いなく「自由ではない」ことを現実の中に実現してしまいます。

「こうなったらいやだな、なるなよ、なるなよ……」と思っているうちに結局「そうなってしまった」ことはないでしょうか。授業中、教師に「当てられないように、当てられないように」と思っていると「当たってしまった」という経験は誰にもあるでしょう。「いやだ、いやだ」と思っているとき、無意識はどんな様子を思い描いているでしょうか。無意識が描くのは「いやだと言っているその様子、つまりそうなってしまっている様子」なのです。つまり、シンプルに、正直に反応する無意識は、あなたが思ったとおりを描き、その描いたとおりを実現していく力があるのです。

「ポジティブ・シンキング（肯定的思考）」の考え方はここから始まりました。ですから、本当に自由でありたいなら、まず「自由になりたい（今はとても不自由だ）」と思うのではなく、「すでに自由である」とイメージすることが何よりも大切なのです。「自由になろう」としてもがくのではなく、すでにあなたは「自由の中にいる」。そんなとらえ方をすることで、心の中に何かしらの変化が起こってくるのです。

「自由の中にいる」と感じることで本当の自由が実現する

たとえば、「今私は家の中にいる……。今私は部屋の中にいる……」というイメージと同じように「私は自由の中にいる」というとらえ方をする。このことが、今この瞬間の自分を自由にし、あなたの目の前の世界を変えていきます。

白いうさぎは、決して「流されて」結婚したのではありません。流されたと思ったのは浅賀さんの投影です。白いうさぎは初めから終わりまで「自由」でした。黒いうさぎと遊ぶことも、一緒にいることも、そこで楽しさや嬉しさの感情を味わうのも自然のままでした。

「わたし、これからさき、いつもあなたといっしょにいるわ」という白いうさぎの言葉は、白いうさぎの本心でした。黒いうさぎに同情したのでも、憐れんだのでもありません。黒いうさぎに気遣いをしたり、気持ちを察して言ったわけでもありません。白いうさぎはいつも自由に生き、「I'm satisfied（いつも満たされている）」と満足していたのです。

「自分をあきらめない」ことが幸せを作り出す

——『シンデレラ』（ペロー童話）

人に期待をするのは、誰かに自分の人生をゆだねてしまうこと。それは、自分の人生をあきらめることと同じ。誰かに幸せにしてもらおうと期待したとしても、その期待からは何一つ生まれない。

苦労があるから幸せは倍になる？

大場満子さん（四二歳）は、広告関係の会社に勤めています。ご主人とは幼なじみでお互いにわかり合っているつもりでしたが、結婚してそれまで見えなかった性格がたくさん見えてきました。お酒を飲んではつぶれ、仕事はまじめにやらない、それでいて言い訳ばかり。文句を言うとすぐに暴力を振るう……結局、離婚。現在は、高校生の息子と二人暮らしです。

彼女は、いじわるな継母や姉に女中のようにこき使われながら、仕打ちをそのままに受けとめるシンデレラに共感しました。

シンデレラは継母やお姉さんたちにつらい仕事をさせられ、ぼろを着せられ、屋根裏部屋へ追いやられます。ある日、王子の舞踏会が開かれることになり、魔女によってシンデレラはあざやかな変身をとげて舞踏会へでかけ、王子とめぐりあいます。シンデレラはガラスの靴の片方をお城に落としてしまいました。

（『シンデレラ』ペロー童話、ほるぷ出版）

「シンデレラは不平不満を言わず、頑張って最後は幸せをつかみました。私も自分に与えられた境遇をいやだとか、苦労とは思わないで頑張っていきたい。そうすれば最後には幸せになれる。苦労があるから幸せは倍になる」と大場さんは言います。

彼女に、「頑張っていれば、幸せになれるの？」と聞きました。

「ええ、そう思って、頑張っています」

「幸せをつかめましたか」

「まだ、そこまでいっていません。でも、いつかかならず本当の幸せがつかめると信じて頑張っています」

「頑張る」は絶対の条件ではない

私たち日本人は「頑張る」という言葉が、とても好きです。人にも自分にも「頑張ろうね」「頑張ってね」。日常何回も使うのではないでしょうか。

私は「頑張る」という言葉を好む受講者に、ペンを床に落とし、「頑張って拾っていただけますか?」と持ちかけます。すると、だいたいキョトンとした顔になり、おもむろにそのペンを拾おうとします。

私はすかさず、「いえいえ、頑張って拾うんですよ。頑張るんです」と、追いうちをかけます。すると、握りこぶしを強く握ったり、体に力を入れたり、あるいは混乱して身動きが取れなくなることがほとんどです。

私たちは何かをするときに、ただそれをするのではなく、「頑張って」あるいは「努力して」行動に移そうとするのですが、ペンを拾うことに、わざわざ努力や頑張るという余計な動作はいりません。ただ「拾えば」いいのです。

「幸せ」についてはどうでしょう。やはり努力や頑張りが必要なのでしょうか。

「幸せは苦労してこそつかめるものだ、簡単には幸せにはなれない」と一般には、そう考えられています。ペンを拾うように、ただ「幸せに」なればいいというわけにはいかないのでしょうか。

例えば、生後間もない子どもがハイハイをし、やがて立ち上がります。その瞬間、子どもの眼は輝きます。そのときの子どもたちは、「努力」して立ち上がった、「頑張って」立ち上がったのでしょうか。本人の中にどれだけそんな感覚を自覚しているでしょうか。

子どもたちは、ただそのことに夢中になり、そのことに無心に取り組んでいるうちに何かをつかみとるのです。大人になってからも、何かをやり遂げたときの経験を振り返ってみると、「努力」や「頑張った」というよりも「夢中になってやっていた」という記憶のほうが大きいのではないでしょうか。

私たちは、親から教えられ、さらにその教えに基づいた経験則から「努力」や「頑張る」ことが幸せの条件だと思いがちです。

しかし、頑張らなくても、努力の名を借りた「苦行」をしなくても、幸せになれる道はいくらでもあります。

それは、普段忘れがちな、あなた自身を生かし輝かせる力……「無我夢中になること」「情熱を燃やすこと」「本気になること」です。

夢を描き続けていたシンデレラ

シンデレラは、ひどい仕打ちに悲しむことはありましたが、シンデレラなりに小さな動物や小鳥たちとその時その時を楽しんで生きていました。手のひらに小鳥を乗せて歌うシンデレラも、王子さまと踊るシンデレラの表情も、どちらも幸せそうです。

シンデレラが最後までやり続けたことは、「夢を描き続け、幸せをあきらめなかった」こと。ただそれだけです。

大場さんはどうでしょうか。「シンデレラのように、幸せになれますか」と聞くと、「はい、なれます。きっと報われます。だって私はこんなに苦労しているんだもの」と言うのです。

彼女の心の中には、「(シンデレラに王子が現われたように)いつか、だれかが私の前に現れて、幸せにしてくれる」という強い期待があるようです。

しかし、「期待」をしていれば本当に幸せは手に入るのでしょうか。「期待」というものの心理的な構造は「私ではない誰か、私ではない何かがそれを作り出す」というものです。「自分がつくり出すもの」ではなく、「誰かによって、何かによってつくり出してもらう」という「まわりが源」の考え方です。

「私は、あなたに期待しているよ」という場合を考えてみてください。この場合、「私」が行動するのではありません。あくまでも「あなた」という他人が行動するのです。「私」はそれを望んでいるだけです。したがって、「あなた」が結果をつくり出してくれなければ、期待ははずれます。このように「何かや誰かに期待する」という場合、「私」は行動の関与はしていません。期待されたほうはどうでしょう。責任を押しつけられたような気がしてプレッシャーを感じる人もいます。オリンピックの女子水泳選手が、「国民の期待にはこたえたくない。私は自分のために泳ぎたい」といって物議をかもしたことが思い出されます。

期待をするとは、人に、ある行為や結果を望むことです。その結果を作り出せるかどうかは「相手次第」になってしまうのです。幸せになるか不幸せになるのかを誰かに委ねることになるのです。

期待からは何ひとつ生まれない

「期待をする」とは、誰かがやってくれることをじっと待つわけですから、誰かがやってくれなければ、事態はいつまでたっても進展しません。期待通りに事が運ばなくて、やきもきしたことは多いのではないでしょうか。このように「期待」は通常、裏切られます。つまり、「期待からは何一つ生まれない」のです。

シンデレラは、いつもぼろ服を着て、お皿を洗い、階段をみがき、部屋の掃除をし、夜には屋根裏部屋の粗末なわらのふとんで休みました。そんなシンデレラは、「毎日努力して」あるいは「頑張って」、一日一日を過ごしていたのでしょうか。果たしてシンデレラは、自分の将来に「何かを期待」していたでしょうか。

たとえば「いつか幸せになったら」「あのころのような豊かな生活ができれば」と未来や過去に期待をしたり、「こんな継母さえいなければ」「お母さんが生きていたら」と、今ここにないものを羨ましがっていたりしていたでしょうか。

シンデレラは自分の幸せを何かに「期待」して毎日「苦労」をしていたのではありません。「努力」をしたから幸せを手に入れたのでもありません。では、シンデレラは何をしていたのでしょうか。

シンデレラがしていたのは、「あきらめなかった」こと。「期待」ではなく、「自分をあきらめない」ことだったのです。

「自分をあきらめない」を、シンデレラなりのやり方でし続けていたのです。「期待」は自分の欲しい結果を作り出すことを「誰かにゆだねる」(「まわりが源」の立場)ことですが、「自分をあきらめない」というのは、自分の幸せを自らが作り出そうと取り組む(「自分が源」の立場)ことです。シンデレラは現実をありのまま受け入れながら、決してあきらめてはいませんでした。

期待している人の多くは、何かを「あきらめて」いることが多いようです。過去、何かの出来事で人生に失望してしまった、自分でやろうとして何かを失敗して痛い思いをした、それ以降「自分には無理だ、出来っこない」と思い込んでいる。その人の持つ夢が大きければ大きいほど、その夢を失ってしまった人は、自分でつくり出すことを「あきらめて」しまうようになるのです。

「幸せになれない」には理由がある

「期待をしている」のは、一見「あきらめていない」ようにも見えますが、少なくとも自分でやろうとはしていません。自分でやることは「あきらめて」しまっています。ですから「自分をあきらめた」人は、何かに期待をかけるのです。自分にはできないから、他人にその分をやってもらおうとするわけです。

しかし、誰かに幸せをもってきてほしいと期待をしても、誰も持ってきてはくれません。「白馬に乗った王子様」はやってこないわけです。仮に誰かが幸せにしてくれても、その幸せは自分でつくり出したものではありません。「あなたのおかげで私はとっても幸せ」とは、はかないものです。いずれは消えてなくなります。

「頑張ってさえいれば、いつかは幸せになれる。私を幸せにしてくれる人がきっと現れる……」も、まるで根拠のない思い込みです。

幸福はそんなにノコノコやって来るものではありません。幸福は自らの内面で、それを創造することで生まれていくのです。

もし「幸せになりたい」のになれないと感じているあなたがいるとしたら、あなたは何かをあきらめているのかもしれません。「どうせ自分は」「所詮人生は」……何かをあきらめていれば、幸せがいつか訪れてくれることを待つしかなくなるのです。

幸せをつくり出すには何が大切なのでしょう。それは「幸せは自分で創りだすもの。そして、それを決してあきらめないこと」です。自分が何をあきらめているのか、をしっかり見つめ、あらためて「自分をあきらめない心」を育てていくことが一番大切なのです。

5

今、この瞬間の喜びに気づいてください

〝自分で決める〟ことの素晴らしさ

——『幸福の王子』（オスカー・ワイルド）

〝したいことをする〟と〝やらされる〟では雲泥の差がある。誰かにさせられていると、犠牲感でいっぱいになる。〝したいことをする〟ことで、あなたの人生に喜びがもたらされる。

意志を貫けない気の弱さを引きずってきた

漫画家の麻田彰子さん（三三歳）は、主体性に欠ける性格だと自嘲気味に言います。小学生の頃、休み時間にお絵かきするのが好きだったのに、先生から校庭で遊ぶようにと注意されると心ならずも従います。それだけでなく、友達から一緒に遊ぼう、といわれれば仕方なしにつき合ってしまいます。本当は大好きな絵を描き続けたかったのに、学校ではいつも不本意な時間をすごすことになってしまうのです。

思春期になっても同じでした。病弱な母親に「長男以外の人と結婚して、私の面倒を見続けて欲しい」と言われ、好きな人と結婚することも半ばあきらめていました。「結局自分を抑え、まわりの言うとおり従って生きてきた記憶しかありません」と言う彼女です。気が弱いわけでもないのに、意志を貫けず、最終的にまわりに流されてしまうという悩みをずっと抱え込んできたのです。

漫画家としてもなかなか思うようにいきません。麻田さんの得意なストーリーは「身を粉にして働き、最後に小さな幸せにたどり着く」といった内容です。しかし編集者からは「苦労話や暗いテーマよりも、もっと喜びにあふれる話を」と催促され、なかなか注文通りのテーマが描けないのです。

そんな彼女は、子どもの頃に読んだ『幸福の王子』を広げ、「王子に言われるままに自分を犠牲にし、あげくはみすぼらしい最後を迎えてしまったツバメが哀れ」と顔を曇らせます。ツバメが自分と重なるのでしょうか、小さな幸せにすらたどり着けずに死んでいくツバメがかわいそうでなりません。

幸福の王子の像の足元にツバメが降り立ちました。王子はツバメに頼んで、自分のルビーやサファイア、金箔を貧しい人たちに分け与えました。やがて冬が訪れ、ツバメは王子の足元に落ちて死んでしまいます。広場に集まった市長たちは、みすぼらしくなった王子の像を引き下ろし、炉で溶かしてしまいました。

（『幸福の王子』オスカー・ワイルド、偕成社）

死は終わりではなく新しい出発

麻田さんが、仕事の面でも流されることなく、人と波長を合わせていくことができれば、レベルの高い作品を生み出すこともできそうです。まわりに流されないで〝主体的〟に生きるにはどうしたらよいのでしょうか。

彼女は、ツバメは「かわいそうな最後をとげた」と言います。このとらえ方に彼女の心が反映されています。ツバメの最後は本当にかわいそうだったのでしょうか。

ユング心理学からいえば、「死」は必ずしも終わりや悲しみを表すものではありません。「死」を悲しいと受けとめるのは、死を受けとらなければならない残された人の自然な感情です。しかし、「死」にはそれ以上に深い意味が隠されています。

ユングは死は単なる「終わり」ではなく再生であると考えました。死はすべての終わりではなく、「始まり」つまり新しい出発ということです。

有名な『チベットの死者の書』には、「生まれてきたときに悲しみ、死に旅立つときに祝う」と記されています。「死」について、そんな観点からこの物語を読むこともできるのです。

仕方なく協力していたツバメが目覚めたとき

ツバメは王子に、「こんなに寒いのに、私の心はすごく温かい」と心中を打ち明けます。すると王子は、「それは、おまえが良い行いをしたからだ」と言います。ツバメは純真無垢な王子と出会い、かかわりを持ちながら次第に「生きる心」が成長していきます。確かにはじめはあまり気が乗らないことだったかもしれません。そもそも王子の元に来る前は、葦とたわむれるのに夢中で、仲間のツバメたちに置いていかれてしまったくらいなのです。

しかし、次第にツバメの心は「やらされている」「犠牲になっている」という感覚から「困った人や王子に貢献している」という感覚に変化していきます。

マッチを売る少女に二つ目のサファイアを届けたとき、ツバメは王子に「あなたはもう盲目になったので、これからは私がいつまでもそばにいましょう」と言うのです。それまではいやいやながらやっていた、頼まれたから仕方なくやっていたツバメでした。しかし、王子の自らを与えようとする姿を見て、ツバメの内なる献身的な部分が目覚め始めるのです。

ツバメは自分の意志で「もう南の国に帰らずに、目の見えない王子の片腕になろう」と心に決めるのです。そして物語の終わりでは、ついにツバメは息絶えます。

ツバメが「王子の片腕になろう」と心に決めた瞬間に「変容」が訪れました。「死」を恐れずに、自分や町の人一人ひとりに与えられている尊い「生」に、真剣にかかわりを持ちはじめることで、ツバメ自身「貢献」の意識に目覚めたのです。

貢献の意識は「自分を与える生き方」です。天の神様がツバメを楽園に召したのは、そのご褒美だったのかもしれません。

麻田さんは、自分の姿を振り返ります。同じことをしていても、犠牲感を持たずにするときもあります。そんなときはまったく苦痛はありません。なぜなら人の言ったことをやっているというよりも、「自分のしたいこととして行動している」からです。

しかし、犠牲感があるときは苦痛で仕方がありません。いやいやまわりに合わせるからです。

喜んでもらいたいと期待する〝下心〟

麻田さんは、三年前、母親の望みどおりに、長男ではない男性と結婚しました。「親の期待」に応えました。しかし、人の期待に応える人生は、どこかで犠牲を伴い、真の喜びにはつながらないことが多いのです。期待に応える人生を生きている人たちの多くは、同時に自分がまわりに何かを期待していることにも気づいていないのです。

親に「おかげさまで幸せだよ」とか「こんなにいい暮らしをさせてもらって」といわれ

るとうれしくなると彼女は言います。でも、親から不満を言われると途端に、「ここまでしてあげているのに、少しも私の気持ちをわかってくれない！」と怒りがわいてくるのです。そんなとき、彼女は猛烈な犠牲感を感じるのです。

自分のしていることに対して、親が当然のように「喜んでくれる」ことを期待しているから、それに反する親の態度に腹がたつのもあたりまえでしょう。親の期待に応え続けてきた麻田さんは、親にも自分の期待に応えてほしかったわけです。

しかし、「期待する」と私たちは裏切られる、「期待からは何一つ生まれない」ことはすでに述べました。

精神的に自由になり、漫画家としても大成功

麻田さんの人生の障害はここにありました。まわりに流されない、主体的に生きる、一段上のレベルの仕事をめざすには、ここから抜け出すことが大切なのです。

「ツバメは最初、王子様に束縛されていると感じていましたが、自分で決心してからは、義務感から解放されて自由になったんですね。ツバメはどんな人生を生きていくかを自分で決めた。

私の人生は、ずっと人に言われるままに従ってきたような気がします。〝自分で決める〟

ことで、ツバメが次第に目覚めたように、私も〝自分で決める〟ことで目覚めていくこともできるんですね」

彼女は、その頃〝介助〟をテーマにしたマンガに取り組んでいました。ひょんなことから見知らぬ土地に連れて行かれてしまった主人公の介助犬が、自分の家を探しながら、その町その町で人助けをするというお話です。

それまでの暗い苦労話の作品とは違って、さりげないやさしさで、多くの家族が救われていく様子は、胸が熱くなり思わず温かい涙がほほをつたう「喜びにあふれた物語」になっています。そして、その本は大手出版社から出版されました。

それだけではなく、彼女は子どもたちのためのまんが教室も開くことにしたのです。それが一風変わっています。子どもたちを楽しませるというより、麻田さん自身が楽しむ教室になっているようです。幼いころに自分に対して、してあげてこなかった思いを、思いっきり味わいながら、まるで子どものように楽しんでいます。子どもたちも楽しそうですが、誰よりも麻田さんが一番楽しく充実した毎日を送っています。

人は一生に一度、命がけの決断をしなければいけない

――『モチモチの木』（斎藤隆介）

「危険」や「未知なるもの」を恐れていては前に進めない。命がけで決断したとき、人生の扉が開かれる。冒険とは、「新しい自分」に出会うことである。

勇気ある子どもだけが見られるモチモチの木の火

豆太はとても臆病な男の子でした。両親に早く死なれて、山に住んでいるじさま（爺さん）の家で暮らしています。家の前には大きな栃の木があります。じさまが栃の実でつくってくれるお餅がおいしくて大好きだから、豆太はこの栃の木を「モチモチの木」と呼ぶようになりました。

でも、夜になると、モチモチの木の枝ぶりが怖くて、一人でおしっこに出て行けない。そんなモチモチの木に、「冬の満月の夜に見事な火がつくんだ」と、じさまが教

えてくれました。「勇気ある子どもだけしか見ることができねえ」といわれると、豆太は自分は絶対に無理だと思います。

ある晩、急な腹痛でじさまが苦しみだし、豆太は大慌てで、ふもとの医者を呼びに行きます。モチモチの木は怖いけど、じさまが死ぬのはもっと怖い。夢中で走って医者のところに行きました。帰り道、医者の背中におぶさりながら、モチモチの木を見ると、見事な火がついて輝いていました。満月の光と、舞い落ちる雪が、見事にモチモチの木を輝かせていたのです。

翌朝すっかりよくなったじさまは、「おまえは、山のかみさまのまつりをみたんだ。モチモチの木には火がついたんだ。おまえはひとりで夜道を医者さま呼びにいけるほど、勇気のある子どもだったんだ」と喜んでくれました。

（『モチモチの木』斎藤隆介、岩崎書店）

命がけで行動したことがなかった

会社員の上川正春さん（三二歳）は、結婚したばかりの郁子さんと幸せな毎日を過ごしています。正春さんにとってこの幸せにはとても大きな意味があります。

正春さんはこの物語を、「臆病者の豆太が大事なじさまを助けるために命がけで行動した話」と言います。正春さん自身には人生の中で「命がけで行動した」体験はありませんでした。誰の人生の中でも「命がけ」になることは、それほど多いことではないでしょう。彼自身も、幼いころから愛されて育ち、一人っ子のやさしい男の子で、順調とも言える人生を生きてきました。

ですから「命をかける」ほどの出来事は特に起きませんでした。それでも、せめて豆太のように「人生をかけて行動する」ほどの何かをやり遂げてみたいと常々思っていたようでした。

正春さんと豆太はよく似た境遇です。正春さんは養子でした。豆太も両親がいなくてじさまに育てられています。甘えん坊で、臆病なところもそっくりでした。もちろん幼い頃に読んだときは、そんなことに気づきもしませんでした。

正春さんが養子であると知らされたのは二五歳の頃でした。突然、父親から自分の本当の子どもではないと知らされました。父親を尊敬し、母親を心から愛してきた正春さんは、思いもしない父親の告白に戸惑うばかりでした。

「本当の両親は誰なの？」と聞いても、死んでもそのことは話さない約束だというのです。両親にそれ以上問いただすのも心苦しく、そのままになっていました。

空っぽのいすを前に両親に向き合う

正春さんは、二年前、クラスに勉強に来ました。このクラスには、セラピストとしての経験を積むために、自分を見つめるセッションがあります。その中のひとつ、父親と母親に向き合う実習では、空っぽのいすを前に、父親と母親に対する感情の処理をしていきます（エンプティ・チェアというよく知られた療法です）。

誰も座っていないいすに向かい、イメージの中で父親と母親を連れてきて、そのいすに座らせます。そこに座ってもらった父と母に、今まで言えなかった言葉や気持ちを小さな声で伝えていきます。人によっては、今まで決して口に出したことのない不満や、怒りを表現する人もいます。感謝の言葉や、ごめんなさいの一言を伝えて涙する人もいます。

正春さんは、しばらくそのいすをじっと見つめていました。すると突然正座をし、床に頭をつけました。肩が小刻みに震えていました。育ててくれた養父母への感謝の気持ちがこみあげ、養子であることの告白に対して、一瞬でも養父母に対してうらみがましい気持ちを持った自分を責めていたのです。

「何年分もの涙を流しました。私にとって養父母こそ本当の父、母です」

実父の危篤の報に乱れる心

その三カ月後。婚約者を自宅に呼んで家族で話をしていたとき、父親に一本の電話が入りました。電話に動揺している父親の様子を肩越しに見ていた正春さんは何かを感じました。電話を切ると、父親はこういいました。

「正春、君の本当のお父さんが危篤だ。会いたいか」

突然の出来事に正春さんは戸惑いました。今はもう気持ちもふっ切れて、迷うことなく目の前にいる父母が本当の親だと思っているのに、

「いまさら会いに行けるものか……」。

そのとき婚約者の郁子さんは、「正春さん、何を考えているの。すぐに羽田に行きましょう」。そう促されて、しぶしぶ足を運びました。

実の父親は島根県の出雲。キャンセル待ちでようやく飛び乗った飛行機の中で、正春さんはこの事態をどうとらえていいのか混乱するばかりでした。

「実父に何を言えばいいんだろう。自分を捨てた実父に怒りもある。やむをえない事情があったのかもしれないが、なぜそんなことをしたのかも問いただしたい。文句も言いたい。でも…死に行く人にそんなことが言えるのか……」。

正春さんの心は千々に乱れるばかりです。ようやくたどり着いた病院。その一室に実の

父親がベッドに横たわっています。

「正春です」。

父親は成長したわが子をしばらく見つめました。目には見る見る涙があふれてきます。

「元気そうでよかった。すまなかった……すまなかったな、正春」

自分の名前を呼ぶ、その父親の一言で正春さんが心に抱いていたすべての苦しみはあっという間に氷解し、父親の手を握りながら、ただただ声をあげて泣きました。

田舎の名家に生まれた父親は、反対を押し切って結婚をしました。家柄の違う女性と結婚したという周囲の批判は田舎では耐えられないほどの苦しみです。その挙句、やむなく母親と別れなければなりませんでした。

今の時代では考えられないことですが、当時の小さな地方では仕方のないことだったのかもしれません。

一瞬の選択が人生最大の冒険になった

気づくと、病室には正春さんと似たような年頃の男性がいます。正春さんの兄でした。おもむろに近づいてきた兄は、「正春、これ覚えているかい?」。差し出された手のひらには、古びたミニチュアカーが乗せられています。

「お前が三歳のとき、おじさんにもらわれていったんだ。今でもはっきりと覚えている。あの朝、僕はものすごく泣いた。僕たちはとっても仲のいい兄弟だったんだもの。正春と離れるのはイヤだって、さんざん駄々をこねて泣いたんだ。そしたら、お前がにっこり笑って、『お兄ちゃん、これあげるから泣かないで』。そう言って、このミニチュアカーをくれたんだよ」

正春さんの兄に対する心のしこりも瞬く間に消え、二人は固く抱き合いました。数日後、実父は天に召されました。

振り返って、正春さんは、養子の宣告からの劇的な出来事を「魂の旅のようだった」と表現しました。考えられないような心の旅でした。実父に会うと決断したあの一瞬の選択は、郁子さんに促されたとはいえ、人生最大の冒険でした。

「豆太」以上の山の神様の祭りに出会えた

実父に会わず、養父母を本当の親として生きる選択もありました。しかし、恨みを超えて、苦渋の決断に身をまかせました。

今までの人生のどんな一歩よりも意味のある一歩でした。その一歩によって、今まで想像もつかなかった「新しい世界」が広がり、まったく「新しい自分」がそこには存在していたのです。

離別の理由、実父との和解、兄との心の触れ合い……言い換えれば、初めて彼は自分の命と向き合ったのです。正春さん夫婦はその後、実の母親との再会も果たしました。心が引き裂かれるほどの人生をかけた行動の結果、豆太が見た以上の、山のかみさまの祭りを見たといえるのではないでしょうか。

“自分”が幸せになろう
――『眠れる森の美女』
（シャルル・ペロー）

世話好き、同情心の厚い人は、かわいそうな人を見ると放っておけない。しかし、あえて「かわいそうな人」にすることで、手を差し伸べる喜びを味わう人もいる。「人の幸せが私の幸せ」という勘違い。

無意識のコンプレックスに突き動かされる

いやな出来事を体験することで、たいてい私たちは否定的な感情を味わいます。怒りや悲しみ、恐れがそれにあたります。こうした感情を外に出すことを、特に日本人は得意としません。そのため、それらの否定的感情は、十分に処理されないまま、心の中に閉じ込められてしまいます。このような抑圧された感情によって、自分の日常に支障をきたしてしまうことは誰にでもよくあることです。

このように感情を抑圧するきっかけになったさまざまな出来事の集まりを、「コンプレックス（感情によって色づけられた複合体）」と呼んでいます。コンプレックスは通常

「劣等感」と勘違いされていますが、ユングが伝えようとした意味合いはまったく違います。

感情は「生きている」エネルギーです。感じたまま（怒りは怒りとして、悲しみは悲しみとして）の感情として表現されることを望んでいます。こうして、抑圧され出口を失った感情は、日常生活や現実世界にあらわれてくるのです。たとえば鍵をどこに置いたのか分からなくなったり、人の名前を度忘れして恥をかいたり、約束の日程を勘違いしたりすることはよくあります。これらのほとんどはコンプレックスによるものです。

コンプレックスのひとつ、メサイア（救済）コンプレックスは、自分以上に苦しんでいる人を助けることによって自分を癒そうとする反応です。このコンプレックスがあると、困っていたり、弱っている人に敏感になり、すぐに「なんとかしてあげたく」なってしまうのです。

犠牲的精神をもってかかわることが多く、自分のことはさしおいて「誰かを助けてあげよう」としがちです。肉体的、精神的に疲れ果てることも少なくありません。読者の中にも、このような傾向をお持ちの方は少なくないのではないでしょうか。

人を助けることによって自分の傷が癒されるかのように思えますが、実際にはほとんど癒されません。セラピストを目指そうとする人の中に、このメサイアコンプレックスを持っていることがよくあります。自分の心の傷を誰かに投影し、その人を救えば自分も癒されると錯覚してしまうのです。

三歳の息子が突然、筋ジストロフィーに

宮本圭子さん（四六歳）は、おせっかいといわれるほど身を粉にして人のために何かと世話をすることの好きな元気な〝おばちゃん〟です。いつも笑顔を絶やさない宮本さんに深い悲しみが秘められていることに誰も気づきませんでした。

彼女には十九歳の長男がいます。彼が三歳になったある日、歩くことが困難になりました。病院に連れて行き検査を受けました。筋ジストロフィーと宣告され、「二十歳まで生きられるかどうか……」と医者は言いました。「なぜ自分の息子が……。どんなに育てても、結局は死んでしまうのか」と絶望のふちに立たされました。

小学三年生のとき、歩行がまったくできなくなり、車いすの生活になりました。次第に筋肉が衰え、一人でできることはほとんどなくなってしまいました。中学生の頃には心無い同級生からいじめにも遭いました。「歩けない足なら切ってしまえ！」。しかし、彼は言い返しました。

「この病気は誰のせいでもないんだ」。

宮本さんはいつも笑顔で介護の不満も顔に出さず、息子に病名を伝えませんでした。「いつか治るからね」。そう言い、一緒にその夢を持ち続けたのです。

彼女の心に残っている物語は『眠れる森の美女』。

オーロラ姫は、年老いた魔女に魔法をかけられ、紡錘《つむ》を手にとった途端、たちまち突き刺され、気を失って倒れてしまいます。それ以来、百年間、目をさますことなく眠り続けるのです。

百年が過ぎ、ベッドのそばに王子がひざまずくと魔法が解け、姫は目を覚ましました。

（『眠れる森の美女』シャルル・ペロー、講談社）

宮本さんは幼い頃、この物語をディズニーの映像で見ました。「オーロラ姫は何も悪いことをしていないのに百年も眠らされた。かわいそうで仕方がなかった」と言います。確かに、オーロラ姫は運命に翻弄され、とてもかわいそうにも見えます。ところが、物語の中で、オーロラ姫が自分の境遇を不幸に思う場面は見あたりません。宮本さんがオーロラをかわいそうに思っているだけで、物語のどこにも「かわいそうなオーロラ姫」は登場してこないのです。

「あなたのまわりに、かわいそうな人はたくさんいますか？」

「はい、たくさんいます、みんな大変な人生を抱えています」

「かわいそうな人でなくても、『かわいそうに思う』ことで、その人を『かわいそうな人』にしてしまうことがあります。あなたがその人たちを『かわいそうに』しているということはありませんか？」。宮本さんはぽかんとしていました。意味が理解できなかったのです。

「かわいそうな人」を見つけては自分を慰めていた

宮本さんは、長男を必死で育てました。毎日いつ何が起きるかわからない状態です。自分の好きなことはおろか、睡眠時間も十分に取れない日々が続きます。いつ果てるかもわからない介護に十九年もの間自分をささげてきました。身も心も疲れ切っていました。時には、介護をあきらめかけたこともあります。

「自分がこのまま消えてしまえば、いないなりに息子も頑張れるのではないか」「誰かが代わりに介護をしてくるかもしれない」。そして、そんなことを少しでも考える自分を「なんてひどい母親なんだろう」と責めることもありました。しかし、そのたびに「あの子がかわいそう。何とかしてあげなくちゃ」と頑張ってきたのです。「かわいそうな人」に尽くしている間は、宮本さんは自分の辛さや苦しみを感じることはあまりありませんでした。

重労働の介護に大変さを感じないのはなぜなのでしょうか。それは、「自分自身よりもかわいそうな人」にかかわることで、自らの「かわいそうな部分」に目を向けなくてすむからです。その行為の中に身を置いておけば、自分の傷や苦しみを一瞬でも忘れることができるのです。「自分よりも、もっとかわいそうな人がいる。自分はまだまし。自分は人に与えることができる人なのだから」と、自分を癒し、慰めることができます。でも相変わらず、「自分の幸せ」にはまったく意識を向けてはいませんでした。

彼女は、母親から十分に愛されなかったといいます。オーロラ姫のかわいそうな部分を見るように、次々に「かわいそうな人」を見つけては、世話を焼き、手助けをし、そうやってかわいそうな自分を慰めてきたのかもしれません。

宮本さんは、息子が十七歳になったとき、ついに病気を告知しました。

彼はそれを聞いて、こともなげに「知ってたよ」と言いました。この言葉に宮本さんはびっくりしてしまいました。彼は阪神淡路大震災の折に預けられた病院で、何気なく置いてあったカルテを見て、それ以来、自分なりに病気について調べ上げたのだそうです。

そして彼はこうつけ加えました。「僕、大丈夫だよ、お母さん」。

「私は一人ぼっちじゃないんですね」

かわいそうな人を助けようとして、いろいろ尽くし、結局どうすることもできずに無力感を感じてきたことも少なくありません。宮本さんの場合は、そもそもまわりに「かわいそうな人」がいるのではなく、少し弱っているように見える人を「かわいそうな人」に仕立てあげてしまうのです。

今まで長男にしてきたことも、まさにそれでした。実は彼女自身が自分の置かれた境遇を誰よりも「かわいそうに」思っていたのです。

「誰かをかわいそうだと思うことで、その人をかわいそうな人にしてしまうことに気づけますか？」という問いかけから、宮本さんの気づきへの道のりが始まりました。

クラスで「アファメーション」を宣言する実習の時でした。アファメーションとは、自分に対する積極的で肯定的な宣言のことで、潜在意識に働きかける力があります。突然、宮本さんは、「これ以上頑張ることはできない。もう疲れ果てた」とその場に座り込み、実習をやめてうなだれ、泣き崩れてしまったのです。

いつもの笑顔は消え、一人憔悴していました。今までに誰も見たこともない表情を浮かべていました。人を助けることはできても、自らを救うすべを持たない宮本さんの心の叫びがあらわれてきたのです。はつらつと自分の宣言に取り組んでいた仲間たちも、心配そうに見守ります。

その時、一人二人と仲間が近寄り、座っている彼女のまわりをとり囲みました。そして何も言わず、何も聞かず、誰からともなく彼女に手を差し伸べました。しっかりと抱きしめる人もいます。宮本さんがなぜ泣き崩れてしまったのかを聞こうともせずに、クラス全員が寄り添い続けたのです。共に涙を流している人もいます。

しばらくすると、彼女は皆の顔を見回し、「私は一人ぼっちじゃないんですね」。宮本さんの眼は涙でいっぱいでした。困っている人を放っておけず、かわいそうな人には必ず声をかける、自分がどんな状況にあってもそうやって生きてきた宮本さんです。

もう自分を犠牲にするのはやめよう。息子を、そして誰のことも、かわいそうに思うのはやめよう、「自分が幸せになろう」と、彼女は心に誓いました。そして彼女は気づいたのです。幼いころに十分に愛してもらえなかった自分を誰よりも「かわいそうに思っていた」ことに。

そんな体験をした数カ月後、息子は二〇歳を目前にこの世を去りました。あまりに突然のことで、私たちは驚き、宮本さんの気持ちを察して心配をしていました。

ところが私が電話をしてみると意外と明るい声が返ってきます。クラスの仲間たちが彼女の元に駆けつけたところ、宮本さんは、さわやかな笑顔でこう言ったそうです。「わざわざ来てくれてありがとう。さあ、中に入ってうちのかわいい息子を見てやってね」

育てていたつもりが育てられていた

後日、彼女は自分が受け取ったメッセージをこう記しています。

「お心遣いありがとうございました。クラスの仲間の思いがすごく嬉しかったです。私のことを心から思い、みんな疲れているのに遠くから息子に会いに来てくれて、私をやさしく見つめる仲間たちの視線にどれだけ癒されたことでしょうか。

私は、二十年近くあの子を育てていたつもりが、自分があの子によって育てられていたことに気づきました。私が仕事をしたり、勉強をすることをいつも応援してくれていました。

『お母さんが楽しそうに、一日のことを話すのが好きだった』と、ある人から聞いて、あの子は本当に私のことを理解してくれていたんだと思いました。あの子は私の幸せを心から喜んでいてくれたんですね。親子の枠を超えて信頼し合った同志を無くしたような気がして残念です。でも、あの子はこれからも私の心の中で、いつも一緒です。

筋ジストロフィーという病気を恨むこともなく、愚痴を言うこともなく、私を責めることもなく、いつも前向きに生きた息子と、その母親に選ばれたことで、彼と共に生きてこられたことに誇りに思っています。

寂しいけれど、辛いけれど悲壮感はありません。むしろ満たされた気持ちでいます。私の笑顔が大好きだった息子、『お仕事しているお母さんが好き』と言ってくれた息子のためにも、これからも前向きに頑張ろうと思っています。

あの子が応援していてくれたんだから、私は絶対に自分のために幸せになりますからね。よろしくお願いします」

丘の上に立ってはじめて安心と幸せが手に入った

――『ちいさいおうち』（バージニア・リー・バートン）

私たちは欲しいものを外に求めがち。しかし、それを手に入れても満足感や充足感は続かない。次から次に、新しいものが欲しくなる。いつになったら本当に欲しいものが手に入るのだろう。

結婚直後、ある日突然パニック障害に襲われて

田丸優子さん（二七歳）は結婚して三年。結婚直後、パニック障害の症状に苦しみ始めました。パニック障害は、ある日突然起こる不安や恐怖の発作です。動悸が激しくなったり、脈が速くなる、冷や汗をかく、震え、息苦しさ、胸痛、心臓が破裂しそうといった症状が現れます。

それまで何でもなかった人でも突然発症し、人に会うのが怖くなったり、家から一歩も外に出られなくなります。病院で検査しても、体のどこにも異常が見つからないのが、この病気の特徴です。優子さんもまさしくそうでした。「死ぬかもしれないほどの恐怖や幻覚」を感じたと言います。突然のことに彼女はひどく混乱しました。

医者の問診の際、幼い頃の父親とのかかわりに要因があるかもしれないといわれました。父親はひどい酒乱で、家族にとても暴力的でした。そしていつも「結果がすべてだ。結果のない人間はだめだ」と言っていました。そのままの自分を認めてもらえない彼女は、どんなことにも結果を出さなければと、いつも父親の顔色をうかがいながら育ちました。

成人してからは、深く刻まれた不安や恐怖を心の奥深くにしまいこみ、「過ぎたこと」として父親と距離を置きながらも許してきたつもりなのですが、結婚後にその恐怖が再びよみがえってきたのです。

夫は決して酒乱ではありません。それにもかかわらず、夫がお酒を飲み始めるだけで、びくびくしたり、夫が隣の部屋に行っただけで不安を感じる始末です。発作がいつ自分を襲うのか、もし人前で取り乱しでもしたらどうしよう、とびくびくする毎日でした。

無意識に不幸をまわりのせいにしていた

彼女が、幼い頃から大好きだった物語は『ちいさいおうち』です。

――丘の上に建てられた小さなおうちは、毎日幸せでした。小さなおうちは、丘から見

える町をあこがれますが、自分の置かれた環境で十分満足でした。

時が移り行き、周辺の開発が進みました。目の前に大きな道路がつくられ、人や車があふれ、ついには小さなおうちの両側に大きなビルが建ち、お陽様さえ差しこまなくなってしまいます。住む人もいなくなり、孤独の中で毎日を過ごします。

そんなある日、この家を建てた人の孫が通りがかり、確かに自分のおじいさんが建てた家だということで、その家を、昔建っていた丘とよく似た場所に移します。そこで新しい家族たちと一緒に幸せに暮らしました。


（『ちいさいおうち』バージニア・リー・バートン、岩波書店）


彼女はあらためてこのストーリーを読んで、まるで自分の気持ちをたどるみたいだと驚きました。小さいおうちの周辺に高いビルがどんどん立ち並び、押しつぶされてしまうように感じる場面では、パニックの発作が起きた時の恐怖がありありとよみがえってくるようだといいます。「幼いころに好きだった物語が、その後の自分の人生をそのまま表しているなんて……」と彼女は驚きます。

小さいおうちは、まわりの環境が変化するにつれ、失われてしまった大切なものを懐かしみます。はじめは遠くに見える町にあこがれていましたが、町の中に自分が埋没してしまったときには、ひどく落胆します。そして丘の上の本当のすばらしさに気づくのです。かつての環境を懐かしみ、理想の状態を思い描きます。しかし、それはもう手に入らないと思うと、ますます失望していくのです。

優子さんも、幼い頃は父親を尊敬し、あこがれてもいました。ところが、暴力を振るう姿を見ていくうちに、次第に失望と幻滅を抱くようになりました。小さいおうちとまったく同じ変遷をたどっています。

彼女は父親が幸せを奪っていった、まわりの影響で居心地のよさを変えられてしまった、だから幸せになれない……そんな被害者意識をもつようになっていったのです。物語はそんな自分を、ものの見事にあぶりだしてくれました。

本当に手に入れたいものは何だろう?

クラスでは、二人一組で向かい合って「何が欲しいですか?」とお互いに問いかけるワークがあります。自分が心の奥底で求めている「欲しいもの」を見つけていく実習です。はじめのうちは多くの人が、流行の洋服やアクセサリー、家や車、そして素敵なパートナーや結婚などを挙げます。それが次第に、自由な時間、夢を実現する力、才能や能力が欲しい、と変わっていきます。

さらに続けていくと、安らぎ、信頼感、情熱、一体感、満足感、愛情……などと変化していきます。

私たちは、確かに目に見えるものを手に入れたくはなりますが、それだけでなく目に見えない体験や味わう感情、つまり心からの安心や満足感も欲しいのです。

そしてほとんどの欲しいものはかつて一度は経験したことだと気づきます。幼い頃、母親に抱きしめられていたときのやすらぎだったり、家族団らんで味わった幸福感だったり。それをもう一度求めて頑張っていながら、なかなか手にできずに生きていることが多いのです。

実習を続けていくと、ついには「欲しいものは、もうすべて自分にあった」「それらは全部自分の中にある」と感じ始める人もいます。涙を流す人も出てきます。これはいったいどういうことなのでしょうか。

小さいおうちのやすらぎ

私たちは通常欲しいものを外に求めます。そしてそれを手に入れることで、いろいろな感情や感覚を得ようとします。たとえば新しい服を買った満足感、新車に乗った時の快適さ……。しかし手に入れたものの、その満足感や快適さは持続しません。「もっと次のもの……」と、砂地に水をやるように次から次に何かを求めることになるのです。

優子さんは、愛するパートナーと出会うことができ、結婚をし、デザインの仕事で独立も果たしました。つぎつぎと欲しいものを手に入れていたにもかかわらず、いつも漠然とした不安にかられていました。

「何かが足りない、何かが違う」。そんな思いに悩まされていましたが、日常の忙しさや新婚生活を始めたばかりだったこともあり、その不安をなるべく見ないようにしていたのです。しかし、不安は着実に大きくなっていたようでした。

ちいさいおうちは、以前住んでいた家族の孫の目にとまり、丘に移されます。小さいおうちは「丘に立つ」ことで本当のやすらぎを得ました。優子さんは、「小さいおうちがつかんだやすらぎが、本当の安心感や幸せなのではないだろうか」と思い始めました。

「丘に立つ」ということの意味を見つけた

「丘に立つ」ことは、彼女にとってどのような意味を持つのでしょうか。「丘に立つ」とは、丘から遠くの街を見てあこがれることではありません。前を見ることは大切なことですが、前ばかりを気にしすぎると足元がおろそかになって不安定になってしまいます。「今、自分はここにいる」という存在感を培うことが、彼女の場合には特に大切なことです。

心の空虚さを、まわりの何かを追い求めていくことで埋めることもできますが、それは一時的なものにすぎません。実家から離れていればとか、夫がいるから大丈夫とか、仕事があるから平気だとか、彼女はずっと自分の安心をまわりに求めてきたわけです。ですから「丘に立つ」というのは、彼女が自分らしく存在している、自分らしく生きているということの象徴なのです。優子さんにとって、自分の居場所を見つけることが何よりの治療になるのです。

もう薬はいらない、自分の心はコントロールできる

誰にでも経験があるでしょう。思い出してみてください。幼いころは「何か」がなくても楽しむことができたのではないでしょうか。ままごとも、階段を見つけては何度もやっていた「じゃんけんぽん、グ・リ・コ・チ・ョ・コ・レ・ー・ト」もそうです。ただそれだけで朝から晩まで楽しく遊びました。

何かが自分を楽しくさせたのではなく、自分の中にある「楽しむ気持ち」が自分を楽しくさせたのです。

しかし、大人になった私たちはどうでしょうか。「あの人がいないと楽しくない」とか「あそこに行けば楽しめる」と、条件ばかりをつけ、楽しむことをまわりに求めてしまう

ことが多いのです。優子さんは、そこに気がつきました。

彼女のまわりは何も変化していません。両親や夫の性格が変わったわけでもありません。経済状態が特によくなったわけでもないのです。しかし、「自分は本当は何を求めていたのか、それが何によってもたらされるのか、それがようやくわかりかけてきました」。それがわかるようになるだけで、大きな変化が起きてきます。あれほどひどかった不安感が不思議と波が引いていくように小さくなっていったのです。

「私の欲しいもの、愛情も安心も、信頼も喜びも、きっと自分の中にあるんですね。パニック障害の病気はつらい経験だったけれども、このことに気づくために私に与えられた試練だったのだと思います」

最近の彼女は、薬にもあまり頼らなくてすむようになりました。自分の気持ちを少しずつコントロールできるようになったのです。

目覚めたアリスが感じた手と手のぬくもり

――『不思議の国のアリス』（ルイス・キャロル）

好奇心に胸を踊らせ、毎日をときめきたい。しかし、未来や過去をいくら探しても、ときめきは見つからない。喜びの実感は、今この瞬間にしか存在しないから。

わくわくするような楽しい夢を見たい

お姉さんと川の堤にいたアリスは退屈でした。そこに、奇妙なうさぎがあらわれて穴の中に飛び込んで行きました。アリスはめずらしくてたまらなくなり、あとを追いかけました。それから、さまざまな不思議な体験をします。落ちたところは変わった部屋。小さいドアがあって、テーブルの上にあった薬を飲んだら、アリスも小さくなります。いろいろな動物や人に出会い、最後はトランプの女王様。兵士が襲って来たところで、目が覚めました。「ああ、夢だった…」。

（『不思議の国のアリス』ルイス・キャロル、岩波書店）

『不思議の国のアリス』を小学校低学年のときに読んだ桜井浩美さん（三〇歳）は、次から次へと展開する不思議な話に夢中になりました。

桜井さんは、学校を卒業すると商社に勤めました。仕事の展開も速く、海外との取引にも魅力を感じ、自分の性分にぴったりな仕事でした。一生懸命仕事をこなしながら、休暇にはパートナーと海外旅行に行ったり、ゴルフを楽しんだり、忙しく過ごしています。今でも好奇心を持ち続け、楽しいことうれしいことを追い求める毎日です。

そんな彼女にも悩みがあります。興味を引くことには何でも飛び込んでみるのですが、大半は期待はずれでやめてしまうことが多いのです。本当の意味で夢中になれるものがないと、彼女は言います。

何かおもしろいものはないかと「お稽古」の延長のような気持ちで参加したアートセラピーのクラスにも、実はあまり期待はしていませんでした。いつかアリスのようにわくわくするような楽しい夢を見たい、いつも好奇心に胸を踊らせていたい、充実した毎日にときめいていたいのが、桜井さんが夢見る人生プランです。

ところがクラスでは、自分の内面を徹底的に探求していくことになります。外に楽しみを見出そうとしてきた桜井さんにとって、何から何までが初めての体験で戸惑いを隠せませんでした。

新しい興味に次々に飛びついても満足感を味わえない

桜井さんは、物語のあらすじを語るとき、好奇心とうんざりという言葉をしきりに繰り返します。「好奇心が湧いてそれに飛び込むのですが、すぐに肌が合わないと感じ、うんざりしてしまいます。夢中になって楽しんでいる人たちを見ると興ざめしてしまって、その場から離れたくなってしまうんです」。

いつもこうして桜井さんは、次々に新しい興味に飛びついてきました。実はアートセラピーの勉強も、思ったような展開ではないために、そろそろつまらなくなってきたところでした。

アリスが帽子屋のティーパーティーに立ち寄る場面があります。「毎日がお誕生日」などと言いながらお茶を飲み続けている帽子屋たちに対して、アリスは「時間の無駄」と感じました。それでも帽子屋はパーティーを続けます。アリスはさっさとそこから離れます。まさに桜井さんの人生にぴったりあてはまります。

アリスの生き方と対峙する帽子屋の生き方です。「あきれたり、うんざりしてしまうアリスと、好きなことを毎日繰り返す帽子屋とどっちが本当に幸せなんでしょうね？」。そう尋ねると、桜井さんは戸惑います。桜井さんは、帽子屋のような生き方があったなんて考えもしなかったのです。

結果とプロセス、どちらが大切？

人の生き方は大きく二つに分けられます。一つは、目指すものを見つけると、それに向かってまっしぐらに進む。自分の欲しい結果や成果を求めていく生き方です。

もう一つは、結果や成果が得られればそれに越したことはないけれども、それよりもその道のりを楽しむことが好き、という生き方です。それがただ楽しい。結果作りにストレスを感じることもなく、行動しているそのプロセスが楽しいのです。どちらにも一長一短があるでしょう。あなたはどちらの生き方をしている実感がありますか？

結果を重視する人の中には、大急ぎで一目散に走る人もいます。ですから予定よりも早く手にすることもあるし、思い通りの結果を作り出す確率は高まります。ところが、欲しい結果を手にすると、また次の目標に向かって走り始めることになります。とどまってはいられずに、常に方向性を持っているのです。

たとえばディズニーランドに出かけます。入場前から効率よく乗り物に乗る手順を考えます。そして入場するとまっすぐそのアトラクションに向かいます。並んで待つ間に、次のことを検討しながら時間をつぶし、ようやく乗り込んで一瞬喜びに浸り、そのアトラクションが終わる頃には、心はもう次に向かっているわけです。

これは確かに効率がよく、たくさんのアトラクションに乗るには都合いいのですが、その時々を楽しむゆとりがありません。味わうことよりも成し遂げたかどうかが重要で、もし期待通りの結果が得られなければ、不満が一気に爆発します。ひどいときには時間を無駄にしてしまったと落胆してしまうこともあるのです。かつての私自身がそうでした。

プロセスを楽しめるとは豊かさを味わうこと

プロセスを楽しむ人は、結果や成果が手に入る確率は少ないかもしれません。ある人が「アトラクションの前で並んでいるときの、わくわくした気持ちがたまらない」と言った言葉を聞いたときには驚きました。私にはあまりにも無駄な時間で、損をしたような気がしていましたから。

プロセスを大切にする人にとっては、結果や成果にはそれほど重要性を見出していないのです。はじめから「よい結果があげられるに越したことはないけれども……」と、意識は「結果」にはフォーカスされていないからです。

まわりから見ると、のんびりしていたり、気楽な人生を生きているようにすら見えることがあります。ですから目標を持っていたとしても、たどり着いてみるとまったく違う場所だったということもよくあります。それもそれでよしということなのです。

〝ゆとり〟の気持ちが最初からありますから、余計な力も入りません。何が起こるのだろうと余裕をもってながめられます。予期せぬことが起これば、驚いたり感動したり。その道のりには失敗も成功もなく、「今を感じる」ことだけが存在しています。

どちらが良いということではありません。しかし、「人生を味わう」という場合はどちらなのでしょうか。結果を手にすることで豊かさを得る。結果はともかく、そのプロセスを豊かに生きる。それはあなたが決めることです。あなたはどちらに豊かさを感じるでしょうか。

「夢の世界を遊んでいた」アリスと「ずっとそこにいた」アリス

プロセスを生きるとは「今を生きる」ということです。今を生きるとは「人生を味わう」ことにほかなりません。結果を求める人生は「人生を味わうために生きる」生き方です。

この違い、伝わるでしょうか。こんな出来事があった、悲しかった、うれしかった、こんな出会いがあってあの人を愛した、あの人と別れた……たくさんの出会いや歓びを与えてくれる人生。そのときそのときを味わうことで、こんなに素晴らしい人生を堪能できた、生きていてよかったと実感する。これが人生を味わうということです。

それに対して「人生を味わうために生きる」生き方はその時々を味わいません。「味わわない」というのは、あれが欲しいといって手に入れても瞬間は満足し「味わう」のですが、しばらくするとその満足感が消えていく、あの感覚です。

桜井さんは、前へ前へと進むばかりで、今を味わうことを置き去りにしてきたのかもしれません。しばし立ち止まることも人生では大切なひとこまです。

「アリスは、そもそも何をしていたんでしたっけ？」

「ウサギを追いかけていました」

「ウサギは何を象徴していると思いますか？」

「時間とか……焦り……」

「アリスが時間を追いかけていたということ？」

「そうです」

「では、アリスが居たところはどんなところ？」

「部屋の中やティーパーティー……」

「いいえ、実際にアリスが居たところを聞いているのです」

「川の堤。お姉さんと一緒に……」

その通りです。夢の中のアリスは時間を追いかけていたようですが、実際のアリスはずっと姉の膝枕でお昼寝をしていたのです。「夢の世界を遊んでいた」アリスと、「ずっとそこにいた」アリス……。

時間に追われると大事なものを見失う

「時間」は人間が作り出した最も大きな観念のひとつです。過去、現在そして未来。ひと時もとどまることなく動き続けているようにも見えますが、「時間」という概念は、宇宙にもともとあったわけではなく、人間が作り出した基準のひとつなのです。

人間にとって都合よく太陽の動きを区分して日常生活に使っているのが、この「時間」です。人間が作り出したものでありながら、この時間に私たち人間はコントロールされてしまっていることが多いようです。時間に追いかけられて焦ったり、効率よく仕事をするために、おなかがすいていてもいなくても、お昼になれば「昼食をとらなければ……」と誰もが思うように。

時間を意識することによって、何事もスムーズに行うことができます。人間関係や仕事にも不可欠なものであることは間違いありません。が、実は自分自身がこの時間によってコントロールされることで、大切なものを失っていることになかなか気づけません。

子どもたちの世界には、いつも「今、この瞬間」しか存在していません。昨日遊びすぎて叱られたことも、明日の朝の早起きのための計画も心にはありません。いつも今という瞬間と、目の前の生き生きとした世界があるだけなのです。

小学校六年生の隆弘君という男の子がいます。彼には一年生の頃から大好きな女の子がいます。「中学も高校も、どこに行くつもりなのか聞いておかなきゃ」ときらきらした目で話します。「もし女子校に行くようだったら、大学はどこに行くのか聞いておく」というのです。なんともほほえましい限りです。何年もの間、変わらずに好きでいることが前提になっています。彼の中にあるのは、いつも今この瞬間の「大好き」という思いだけなのです。

しかし成長するにつれて、計画することの大切さを親や学校の先生から何度も教えられ、過去を振り返り、反省することを促されます。大人はいつも、目の前の現実は「過去の蓄積の結果」であり、この現実が「未来」につながっていると考えます。

今この瞬間がいつも「何かのために」存在しているために、気づいてみると「今このとき」を味わうことができなくなってしまうのです。

豊かさは今でしか味わえない

「物語の中のアリス」は時間の流れの中にいます。時間の流れの中にいるアリスは「興味を持ち、不安を感じ、焦り、そしてあきれたりうんざり」しているわけです。

一方、「お昼寝をしていたアリス」は「ずーっと、今ここ」にいました。過去、現在、未来といった「時間の流れ」の中にいるのではなく、ずっと「今を味わい続け」ていたのです。

目覚めたアリスは、身近にいてくれるお姉さんに手を伸ばすと、手がつながります。温かい。それを味わっています。アリスはほっとしました。現実の世界にちゃんと生きている実感があります。

ほっとする感覚は、追いかける人生の中ではなかなか味わえません。味わったとしてもほんの一瞬です。アリスはひざ枕の中でほっとして、安心感とやすらぎを味わい続けます。「とどまっていると怠けているような気がして、私は前に進むことだけを考えてきました」という桜井さん。前に進むことだけではなく、時には、じっくり味わうことも必要です。豊かさは今しか味わえないのですから。

〈ご案内〉
http://www.quest-self.jp

セルフケアと自分を知るために
「自己分析心理学講座」 6カ月全12日間

他者をほめて活かすために
「承認の秘訣講座」 半日

自分の魅力アップのために
「人を惹きつける4つの力講座」 全4回

自分を知り他者を知るために
「9タイプの性格、エニアグラム」 1日ワークショップ

幸せな自分に出会える本

著　者　柴﨑嘉寿隆
発行者　真船美保子
発行所　KKロングセラーズ
〒169-0075　東京都新宿区高田馬場2-1-2
電　話　03-3204-5161(代)

印刷・太陽印刷　　製本・難波製本

ISBN978-4-8454-2329-3
Printed in Japan 2014